亲历者
旅游书架

Follow Me

《亲历者》编辑部 编著　　★ 年年修订 ★

杭州
深度游

慢·旅·行·的·倡·导·者

中国铁道出版社有限公司
CHINA RAILWAY PUBLISHING HOUSE CO., LTD.

图书在版编目（CIP）数据

杭州深度游 Follow Me /《亲历者》编辑部编著 .
4 版 . -- 北京 : 中国铁道出版社有限公司 , 2024.9.
（亲历者）. -- ISBN 978-7-113-31411-8

Ⅰ . K928.955.1

中国国家版本馆 CIP 数据核字第 202485FF65 号

书　　名：**杭州深度游 Follow Me**
　　　　　HANGZHOU SHENDU YOU Follow Me

作　　者：《亲历者》编辑部

责任编辑：孟智纯　　　　编辑部电话：（010）51873697
封面设计：郑春鹏
责任校对：安海燕
责任印制：赵星辰

出版发行：中国铁道出版社有限公司（100054，北京市西城区右安门西街8号）
印　　刷：天津嘉恒印务有限公司
版　　次：2014年3月第1版　2024年9月第4版　2024年9月第1次印刷
开　　本：710 mm×1 000 mm　1/16　印张：14　字数：280 千
书　　号：ISBN 978-7-113-31411-8
定　　价：68.00元

如何使用本书

杭州近郊

景　区

精选杭州34个热门目的地，囊括杭州旅游精华。

景区概述

用简练的语言，让读者对景区有一个整体认识。

微印象

精选自媒体平台、旅游网站上旅行者对景区作出的价值性点评，让读者对景区有一个初步的认识，确定旅游目的地。

基本信息

包括门票价格、景区开放时间、最佳旅游季节、进入景区的各种交通方式等实用信息。

景区星级

从美丽、浪漫、休闲、人文、特色、刺激6个方面给景区评级。

景区示意图

标注景区出入口、游览线路、观光点、景区配套设施等信息。

子景点

观光点的详细介绍，并配有实用攻略、小贴士、旅友点评等丰富的资讯。

图　片

选取精美图片，提升现场感，提供摄影参考。

景区攻略

包含住宿、美食、购物、娱乐、景区内部交通、旅游注意事项等，丰富且实用。

行程推荐

提供合理、实用的景区游览方案。

导　读

提供杭州的基本背景信息，让读者先认识目的地，再开始旅行。

爱上城市

若干幅精美图片，让读者对目的地建立感性印象。

城市概览

以图文形式，梳理城市的地理、历史、文化等知识，让读者对目的地建立初步认识。

读懂城市

以专题的形式，介绍一些文化主题，让读者对目的地产生更深刻的认识。

杭州，
来玩就要有深度

忆杭州，最美是西湖

说到杭州，总是绕不开西湖。从古至今，无数的文人墨客为它留下诗词歌赋、佳话传说。从白娘子到梁祝，再到才女苏小小，西湖已经成了浪漫爱情的符号，与湖光盛景共同造就了一个"天堂"的梦境。

乘坐手摇船，泛舟湖上，碧波荡漾，岸边杨柳依依，远处山峦起伏。微风拂面，若备上美酒再小酌一杯，那真是酒不醉人人自醉了。

富庶江南润如玉

高低错落的粉墙黛瓦、古朴淡雅的街道民居、杏花春雨中的一湾流水、淡雅茶香中的轻轻弹唱……杭州总能满足你对江南的一切幻想。在这里，清明的新茶、盛夏的荷花、深秋的桂子、断桥的残雪，总在不经意间撩人心弦。

江南自古多富庶，更不要说素有"丝绸之府"美誉的杭州了，吴越王重水利，鼓励农桑，使这里成为当时富庶的鱼米之乡。清朝的康熙、乾隆两位皇帝更是偏爱这方山水，曾多次南巡来感受它的美。

杭州，浙江省省会，古称临安、钱塘。这里是钱塘江下游、京杭大运河南端，这里是典型的温润江南、鱼米之乡。

"江南好，风景旧曾谙。日出江花红胜火，春来江水绿如蓝。能不忆江南？"一首古诗真实再现了浙江令人流连忘返的自然风光。"江南忆，最忆是杭州"，一提到温润的江南，就不得不说被誉为"人间天堂"的杭州了。这个一半山水一半城的地方，因山而静，因水而秀，每一处风光都勾勒出一幅幅山水江南的迷人画卷。

如果你觉得杭州只有西湖，那就错了。西湖三面环山，宝石山、飞来峰、大慈山、玉皇山……虽谈不上高，却有茂竹秀林、鸟语花香、清溪飞瀑。再往外围，超山、径山、皋亭山各具特色，西溪、湘湖、富春江美景缤纷，处处可见江南山水画卷。

一口清鲜杭帮菜

杭州人吃菜，注重一个"鲜"字，这个"鲜"有两层含义，一是指口感上的鲜美，二是指食材的新鲜，因此杭帮菜吃的就是一个"原汁原味"。

在鱼米之乡，拥有着丰富的食材——水乡的河鲜、田中的稻米、地里的蔬果，被精致考究的江南人做成一碟碟小菜，或一盘盘喜人的点心。杭州人从来都不愿意亏待自己的胃，正如他们从来都不会将就最普通的生活。

目录

速读杭州 001-027

爱上杭州

- 浪漫相会西湖畔 …… 002
- 香火氤氲灵隐寺 …… 005
- 茶香四溢龙井园 …… 007
- 穿越千年梦一场 …… 009

杭州概览

- 杭州每月亮点 …… 010
- 杭州地理 …… 011
- 杭州历史 …… 012
- 品尝杭州美食 …… 014
- 找寻特色物产 …… 016
- 市区经典三日游 …… 018
- 余杭、临安两日游 …… 019

读懂杭州

- 良渚文明：远古文化的明珠 …… 020
- 宋室南迁：偏居江南富贵乡 …… 021
- 丝绸：绚丽霓裳响天下 …… 022
- 龙井茶：满园茶香关不住 …… 024
- 西湖：浪漫爱情的代名词 …… 025
- 大运河：流淌千年的繁华 …… 026
- 钱塘江：八月十八看大潮 …… 027

第1章 028-077
杭州西湖

- 白堤—孤山岛 …… 040
- 曲院风荷 …… 045
- 岳墓栖霞 …… 049
- 苏堤—花港观鱼 …… 052
- 西湖三岛 …… 055
- 杨公堤—三台云水 …… 060
- 太子湾公园 …… 066
- 雷峰夕照—南屏晚钟 …… 069
- 柳浪闻莺风光带 …… 074

第2章 078-117
西湖周边

- 灵隐禅宗 …… 081
- 满陇桂雨 …… 088
- 龙井问茶 …… 092
- 虎跑梦泉 …… 098
- 六和听涛 …… 102
- 西溪 …… 106
- 之江度假区 …… 114

第3章 118-145
杭州城区

- 武林路商业街 …… 120
- 南山路文化街 …… 125
- 河坊街 …… 130
- 小河直街历史街区 …… 139
- 丝联166创意产业园 …… 143

第4章 146-179
杭州近郊

湘湖 ·············· 148
杭州乐园 ·············· 154
东方文化园 ·············· 160
双溪竹海漂流 ·············· 162
山沟沟 ·············· 166
良渚古城遗址公园 ·············· 172
超山 ·············· 175

第5章 180-216
杭州远郊

千岛湖 ·············· 182
富春江小三峡 ·············· 189
瑶琳仙境 ·············· 197
西天目山 ·············· 201
太湖源 ·············· 208
大明山 ·············· 212

示意图目录

杭州西湖示意图 ·············· 031
孤山岛示意图 ·············· 042
曲院风荷示意图 ·············· 047
花港观鱼示意图 ·············· 053
小瀛洲示意图 ·············· 058
雷峰夕照示意图 ·············· 071
西湖周边示意图 ·············· 080
灵隐寺示意图 ·············· 082
龙井问茶示意图 ·············· 095
虎跑梦泉示意图 ·············· 099
西溪湿地示意图 ·············· 109
武林路商业街示意图 ········ 123
南山路示意图 ·············· 126
河坊街示意图 ·············· 132
小河直街示意图 ·············· 141
湘湖示意图 ·············· 151
东方文化园示意图 ·············· 161
山沟沟示意图 ·············· 169
超山示意图 ·············· 177
千岛湖示意图 ·············· 185
富春江小三峡示意图 ········ 190
瑶琳仙境示意图 ·············· 198
西天目山示意图 ·············· 203
太湖源示意图 ·············· 210
大明山示意图 ·············· 214

速读杭州

爱上杭州

浪漫相会西湖畔

香火氤氲灵隐寺

茶香四溢龙井园

穿越千年梦一场

杭州概览

杭州每月亮点

杭州地理

杭州历史

品尝杭州美食

找寻特色物产

市区经典三日游

余杭、临安两日游

读懂杭州

良渚文明：远古文化的明珠

宋室南迁：偏居江南富贵乡

丝绸：绚丽霓裳响天下

龙井茶：满园茶香关不住

西湖：浪漫爱情的代名词

大运河：流淌千年的繁华

钱塘江：八月十六看大潮

浪漫相会西湖畔

　　春季时烟柳笼纱的莺啼，夏日里接天莲碧
的荷花，秋夜那浸透月光的三潭，冬天断桥上
皑皑的残雪，种种倩影渺然留痕，西湖是永远
的"天堂"。

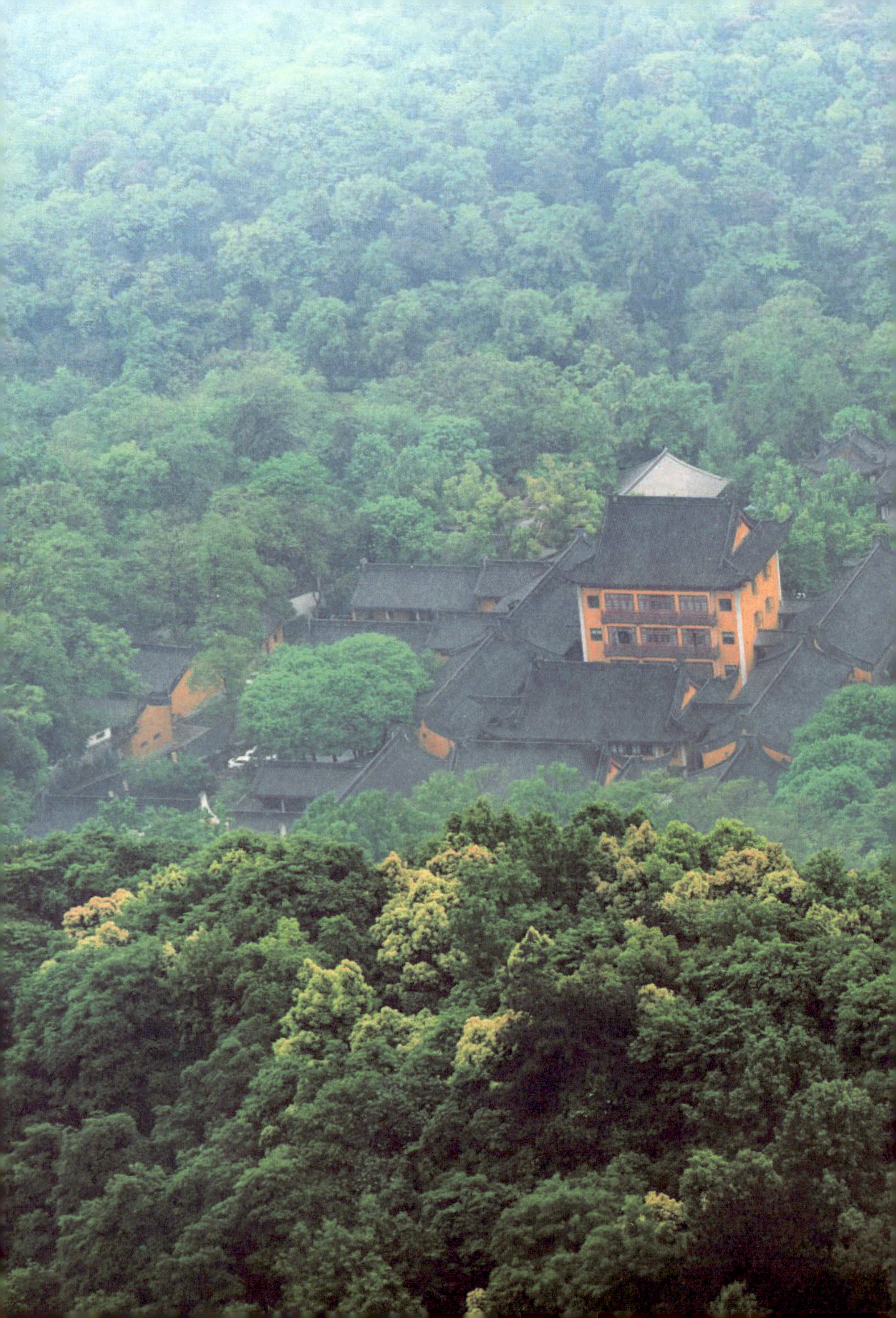

香火氤氲灵隐寺

这座始建于东晋的千年古寺，地处西湖以西，背靠北高峰，面朝飞来峰，两峰夹峙，林木耸秀，深山古寺，云烟万状。登山礼佛，在袅袅香火中虔诚地诉说心愿，在阵阵梵音中寻一丝静谧心安。

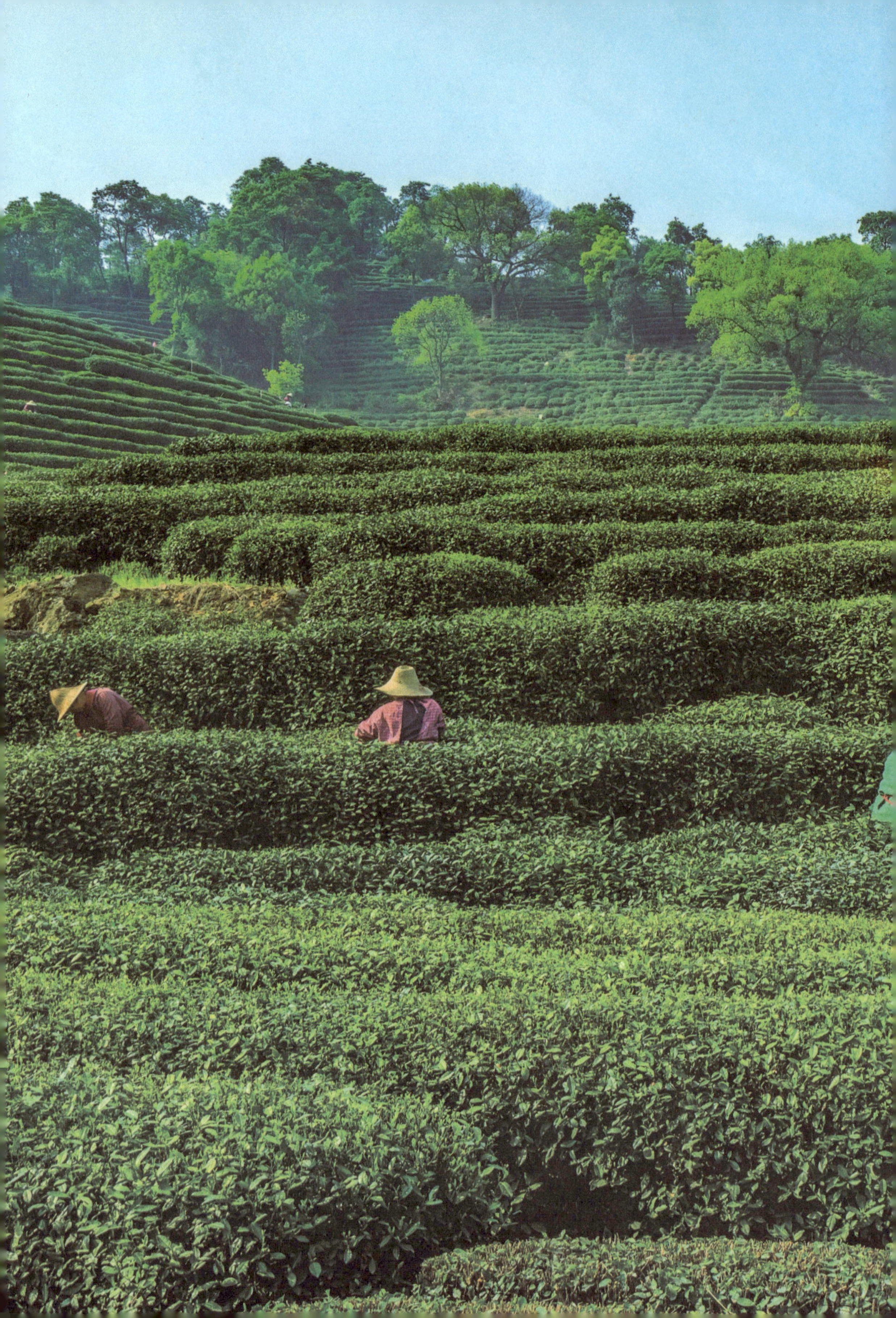

茶香四溢龙井园

走进龙井茶园，错落有致的茶树铺满整片山坡，既壮观又富江南韵味。每到清明时节，满园茶香，采茶人穿梭其中，忙忙碌碌，只为那"一叶一臻品"的明前龙井。

穿越千年梦一场

有一种情怀在宋城流传千古，有一段爱恋在宋城穿越千年，这是一场跨越千年的文化之旅。一场场精彩的演出，把丝绸、茶叶和烟雨江南表现得淋漓尽致。给自己一天的时间，你将体会到穿越千年的感觉。

杭州
每月亮点

6月（农历五月初五）
游玩推荐：西溪龙舟赛
地点：西溪湿地

1月（赏雪期）
游玩推荐：断桥残雪
地点：西湖断桥

7月（7月中旬）
游玩推荐：赏荷花
地点：西湖曲院风荷公园

2月（2月中旬）
游玩推荐：灵峰探梅
地点：灵峰山

8月（农历七月三十）
游玩推荐：大慈岩庙会
地点：大慈岩

3月（3月底）
游玩推荐：采摘明前茶
地点：龙井茶园

9月（农历八月十六）
游玩推荐：观潮节
地点：钱塘江

4月（杜鹃花期）
游玩推荐：杜鹃展
地点：杭州植物园

10月（国庆节前后）
游玩推荐：西湖桂花节
地点：西湖满陇桂雨公园

5月（5月中下旬）
游玩推荐：晚春踏青
地点：富春江周边

11月（11月下旬）
游玩推荐：赏红叶
地点：大明山

12月（12月31日）
游玩推荐：跨年撞钟
地点：净慈寺

人口：2023 年末，全市常住人口为 1252.2 万，其中城区总人口达 1002.1 万，成为我国第 10 个超大城市。
面积：约 16850 平方千米。
荣誉称号：国际花园城市、东方休闲之都、2023 中国最具幸福感城市。

杭州 地理

地形

　　杭州市地形复杂多样，东部属浙北平原，地势低平，河网密布，物产丰富，具有典型的"江南水乡"特征。西部属浙西丘陵区，主干山脉有天目山等。省内最大的河流钱塘江由西南向东北，流经全市大部分地区。东苕溪通过临安、余杭等地流入太湖。

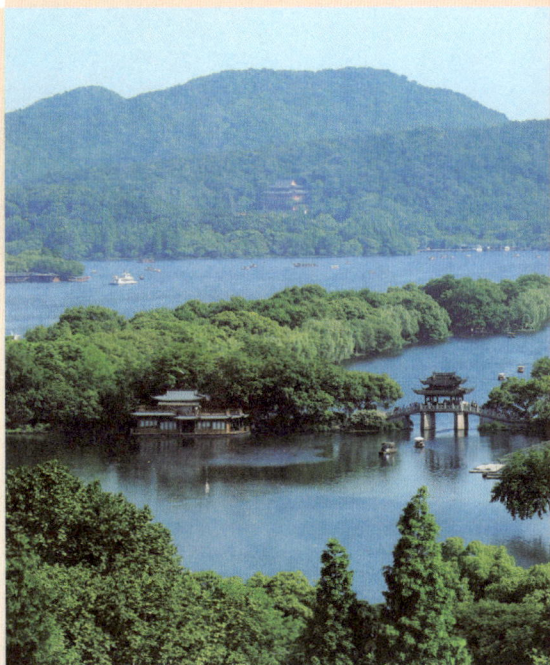

气候

　　杭州属于亚热带季风气候，温暖湿润，四季分明，雨量充沛。每年春秋时节，温度适宜，春赏百花，秋赏红叶，是旅游的旺季，也是旅游的最好季节。这里夏季气候炎热、多雨，冬季寒冷、干燥。

杭州历史

远古时期

　　杭州乌龟洞遗址古人类化石的发现，证实在 5 万年前就有人类在杭州这片土地上生活。杭州萧山跨湖桥遗址的发掘，证实了早在 8000 年前这里就产生了成熟的定居农耕文明，此外世界上最早的独木船也在这里发现。

　　距今大约 5000 年前，这里出现了良渚文化，被誉为"文明的曙光"。

隋朝时期

　　隋朝建立后，废郡为州，"杭州"之名第一次出现。伴随着大运河开凿，杭州成为贯通南北的交通枢纽和贸易集聚点，互通有无，多元碰撞，城市气象为之一振，被称为"东南第一州"。

五代十国时期

　　开平元年（907 年），吴越王钱镠定都杭州。钱镠因灌溉和城市需要而整治了西湖，因交通运输的需要整治了钱塘江，从而促进了吴越国与沿海各地的往来。

两宋时期

　　北宋时期，西湖之名得到官方确认，元祐四年（1089年），苏东坡在杭州担任知州，疏浚湖水，筑长堤，建石桥，遍植花草。在杭州和西湖留下了许多功绩，也留下了吟诵西湖的著名诗篇。城因湖而盛。

　　南宋绍兴八年（1138年），杭州正式成为南宋首都，时间长达150年之久。此后杭州商贸往来频繁，成为南北文化的交融地。南宋后期，杭州已成为一个百万人口以上的大城市。

元明清时期

　　元朝时期，意大利旅行家马可·波罗来到杭州，情不自禁地赞叹"杭州是世界上最美丽华贵之天城"。从此，杭州的美名蜚声中外。

　　在整个明、清两朝的五百多年中，杭州一直都是浙江省政治和文化中心。清朝初期，康熙和乾隆两位皇帝仰慕杭州的繁华和西湖的美景，曾多次南下杭州，建行宫，赏湖景。

近现代

　　如今的杭州是中国著名的风景旅游城市之一，"上有天堂、下有苏杭"，表达了古往今来的人们对于这座美丽城市的由衷赞美。

　　2001年9月，杭州被联合国人居署授予全球人居最高奖——"联合国人居奖"。

　　2023年9月23日，第十九届亚洲运动会在杭州隆重开幕。

品尝
杭州美食

西湖醋鱼

　　杭州传统风味名菜，这道菜精选新鲜的西湖鲩鱼或草鱼，以鲜汤烹饪，加入姜、料酒、糖等调料，出品味道鲜美，色泽红亮、肉质嫩滑带有蟹味。

　　哪里吃：杭州酒家，延安路205号

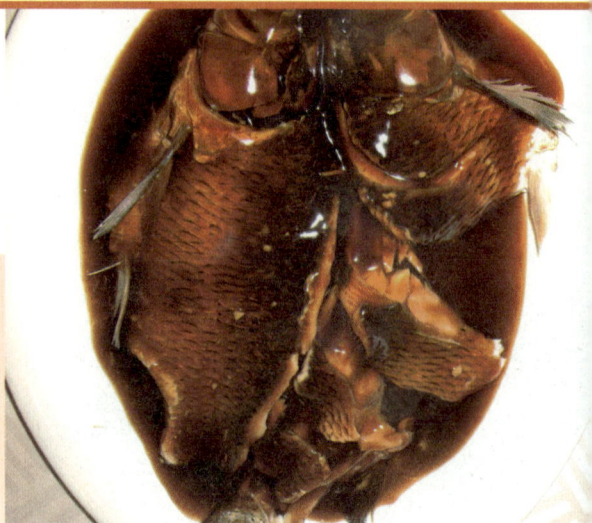

龙井虾仁

　　这是用西湖龙井的嫩芽和新鲜虾仁制成的一道杭州名菜。龙井茶的味甘香郁与肉嫩鲜美、营养丰富的河虾相融合，使得菜品看起来如同"翡翠白玉"，鲜嫩的口感伴随着淡淡茶香。

　　哪里吃：龙井菜馆，龙井村1号

东坡肉

　　一般是一块约二寸见方的猪肉，猪肉肥瘦相间，焯水之后皮朝下放入砂锅，放入姜、冰糖、酱油、黄酒等配料进行蒸制，其肉质鲜嫩美味，肥而不腻。

　　哪里吃：知味观，仁和路83号

杭州小笼包

江南地区著名的特色传统小吃。选材考究，口味有鲜肉、虾肉等，包子汁多味鲜，皮薄有韧性。

哪里吃：新丰小吃，庆春路 209 号

宋嫂鱼羹

杭州的传统名菜之一。采用新鲜鳜鱼或鲈鱼，将脊骨和腹腔去除，加入葱、姜、料酒蒸熟，然后捣烂，再加入打碎的蛋液、盐、酱油等辅料，成品色泽悦目，鲜香可口。

哪里吃：天香楼，延安路 447 号

虾爆鳝面

选用新鲜黄鳝，切段后用油爆炒直至金脆。再加上个头大且鲜美的河虾和蛋清炒至白嫩；用鱼汤原汁煮面，面条入锅后充分吸收了鳝段的味道，汁浓面鲜。

哪里吃：奎元馆，解放路 154 号

找寻
特色物产

西湖绸伞

选取杭州名产丝绸为伞面，绘画多以西湖风景为主，兼及古代仕女、翎毛花卉，色彩鲜艳，美观大方。

龙井茶

西湖龙井色泽透绿，绿中又衬有黄色。茶叶形状扁平、光滑，冲泡之后，颗颗悬于水中，芽芽直立，茶香持久，味道甘醇。

西湖藕粉

杭州的名产之一，味道香甜而不腻。食用时先用少量冷水调和，再用开水冲调成糊状即可，冲泡后的藕粉晶莹透亮。

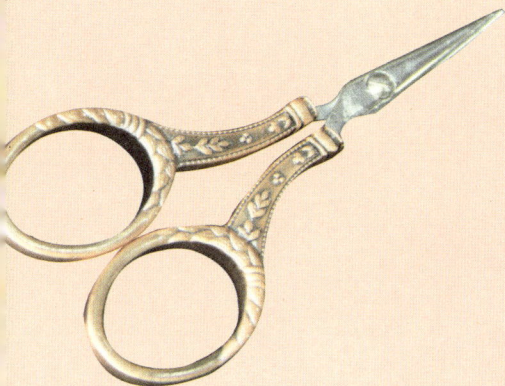

张小泉剪刀

张小泉剪刀始创于杭州，是著名的"五杭"产品之一。剪刀以做工精细、剪切锋利、开合和顺、经久耐用等特点闻名遐迩。

天目山笋干

高海拔的天目山上，生长着成片成片的竹林，笋干就是天目山的著名特产。天目山笋干由鲜嫩竹笋加盐煮透，再用炭火烘焙而成。

青溪龙砚

传统名砚之一，产自杭州青溪，已有四百多年的制作历史。它具有呵气成雾、储水不涸、发墨细腻的特点，并且雕刻精致、花样繁多，深受游人喜爱。

经典三日游

DAY 1

早餐后开始一天的西湖环湖之旅，先去白堤、孤山岛，观断桥，寻白娘子传奇的故事。午后来曲院风荷，可以骑上单车，前往苏堤、花港观鱼。黄昏时分，去雷峰塔公园看"雷峰夕照"。

DAY 2

早餐后前往灵隐寺，感受佛教文化，体验禅修。午饭后去梅家坞茶文化村参观，品尝正宗的龙井茶。傍晚去南山路，这里有美术、美楼、美院、美食，感受杭州的文艺范儿。

DAY 3

早上先去可以俯瞰整个西湖的吴山景区，然后参观南宋御街，感受曾经南宋百姓生活的韵味。中间可顺便去与御街呈"十"字交叉的清河坊历史文化街参观，这里云集了很多老字号商铺。

白堤
孤山岛
断桥
曲院风荷
苏堤
花港观鱼
雷峰塔公园
灵隐寺
梅家坞茶文化村
南山路
吴山景区
清河坊历史文化街
南宋御街

良渚古城

超山景区

双溪漂流

天目山

浙西大峡谷

余杭、临安
两日游

DAY 1

　　乘车去良渚参观良渚文化遗址出土的玉器、石器等珍贵文物，然后前往超山景区欣赏品种繁多的梅花和以"金石书画"闻名的吴昌硕纪念馆。下午去双溪漂流景区体验精彩刺激的漂流活动。

DAY 2

　　早餐后前往天目山参观世界上罕见的大柳杉群落和历史悠久的禅源寺。下午去浙西大峡谷欣赏原始旖旎的自然风光，并参加激情刺激的水上漂流。

良渚文明

远古文化的明珠

2019 年 7 月，中国良渚古城遗址被列入世界遗产名录。在中国众多璀璨的远古文化中，钱塘江地区的良渚文化一直是一颗非常耀眼的明珠。

1936 年，考古学家在杭州附近发现了一处遗址，这个遗址的年代大约是公元前 3300 年至公元前 2000 年，属于新石器时代晚期文化遗址。专家在遗址中发掘出许多新石器时代的石器和陶器，这就是著名的良渚古城。

到了 20 世纪 50 年代初，在良渚古城遗址周围，又发现多个新石器时代遗址，如老和山遗址、水田畈遗址。这些遗址为我们较为清楚地展示了距今五千年前后良渚古国先民的生活面貌。

良渚古国的核心区为良渚古城遗址，经过 80 多年的考古发掘，它的"面目"渐渐清晰。

在 100 多平方千米的范围内，由外而内，有防洪蓄洪的水利系统，有村庄、码头，有祭坛、墓地，有制玉、纺织等各种手工业作坊，还有粮仓。四通八达的水道，让良渚人畅行无阻。一座都城该有的要素，它都具备了。

然而，最令人惊叹的是它那严谨的城市规划。良渚人将城分为宫殿区、内城和外城，三重结构的布局，被考古学家保守地评价为"具有开创性意义"。

宫殿区的中心，有一个面积约 7 万平方米的沙土广场，这个广场是一处举行重要仪式的场所。在宫殿区的西面是王陵和贵族墓地。

从这些墓地出土的器物包括玉器、陶器、石器、骨角器等，总量达 1 万余件。在良渚玉琮、玉钺等器物上，几乎都刻有一个神秘的神人兽面纹，其表现出统一而强烈的宗教崇拜的意识形态，更是震撼人心、耐人寻味。

神奇的良渚古国，凭借其发达的稻作农业、丰富而精美的玉器、精湛的制陶技艺，以及宏伟的大型土建工程，站在了文明的门槛上，迎接着文明的曙光。

宋室南迁
偏居江南富贵乡

　　杭州是中国八大古都之一，是中国历史文化名城。从新石器时代的萧山跨湖桥文化算起，杭州约有 8000 年的历史，曾先后被命名为"禹杭""余杭""钱唐""钱塘""临安"等。从公元前 222 年设钱唐县开始，至今杭州已有 2200 多年的建城史，在杭州的历史上，南宋永远都是浓墨重彩的一笔。

　　建炎元年（1127 年）五月，康王赵构在南京（今河南商丘）称帝，史称南宋。南宋初期，因金兵穷追猛打，王朝仍处于风雨飘摇之中，一路颠簸往南转进到杭州。高宗驻跸期间将杭州升格为"临安府"，临安府军民在抗金战役中奋战不懈，前仆后继，誓死保卫宋室香火。战事吃紧之际，高宗东渡钱塘江，临安府随即遭受金兵猛攻，尽管军民做了最后抵抗，终究寡不敌众被金兵攻破，但金兵并没有久留的打算，1130 年初放火焚城 3 日后扬长北返。此后，南宋的抗金形势渐趋稳定，高宗于 1138 年宣布定都杭州。

　　杭州这座城市，究竟有着怎样的魅力呢？五代的吴越国和南宋都建都在此。地理上，杭州位于钱塘江的北岸，大运河在此与钱塘江相交，它的西北是天目山，西南和东南是龙门山和会稽山，它风景如画，皇室贵族等对这湖光山色都十分沉醉。在经济上，杭州当时有着"东南第一州"的封号，坐拥西湖美景、丰饶物产，水运网络绵密、经济活动繁盛，足以供养这些王室所需。

丝绸

绚丽霓裳响天下

古人穿衣也讲究时新，那些富丽奢华的款式总是像烟云一般，转瞬即逝。但无论时代怎么变迁，总有一种面料如诗似梦地萦绕在霓裳裙摆当中，以其婉约、灵动的质地制造着灿烂和神秘，那就是丝绸。

"千里迢迢来杭州，半为西湖半为绸"。丝绸质地轻软，色彩绮丽，在汉代就已经通过举世闻名的"丝绸之路"远销国外。丝绸固然华丽，可是要想织出一匹精美的丝绸并不容易。让我们一起看看古人是如何养蚕织绸的吧。

①浴蚕：浸洗蚕子，用来挑选优质的蚕种。

②养蚕：随着幼蚕逐渐长大，每天要摘取新鲜的桑叶以喂养。

③吐丝结茧：等到蚕长"成熟"了，就用麦秸编成箔簇，蚕会在上面吐丝、结茧。

④煮茧缫丝：将蚕茧放在热水中，用手抽丝并缠绕在架子上。

⑤络垛：把缫出的丝绕在丝筒上，让生丝形成得更好。

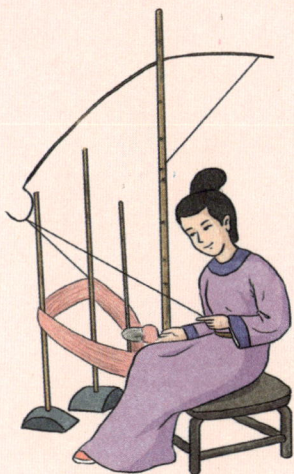

⑥纺绩：将丝按照一定的长度纺成经线和纬线，便于以后加工。

⑦织造：将经线和纬线在纺织机上进行编织。

⑧成卷：将织好的成品进行检验、漂白、染色、印花、刺绣，形成最终的丝绸。

龙井茶

满园茶香关不住

"茶者，南方之嘉木也"。中国人饮茶，据说始于神农时代。千百年来，茶艺、茶文化显示了一种永恒的生命力。特别是中国，茶乃"国饮"。

杭州是一座散发着茶香的城市，那香气是用历史的慢火焙出来的；杭州是一座蕴含着茶韵的城市，那韵味是老百姓慢慢品出来的。杭州产茶，杭州人更爱喝茶，早在宋代，作为南宋京城的杭州以卖茶为业的茶肆、茶坊已遍布全市，在闹市区清河坊一带，就有多家大茶坊，街头巷尾还有担茶卖的。

茶叶在浙江的栽植最早是在三国时期。唐朝陆羽在湖州写下了名闻天下的《茶经》，被尊为"茶圣"。据了解，茶圣陆羽曾在书中写过"钱塘（茶）生天竺、灵隐二寺"的内容，这说明在唐朝的时候杭州就开始盛产龙井茶了，但以龙井命名则是从宋朝开始的，在明朝时称为茶之上品，等到了清朝，名声就更大了。

我们熟知龙井茶，大概是因为清朝乾隆皇帝和龙井茶的种种传说。乾隆在江南微服私访的时候，曾经多次到龙井茶产地去喝龙井茶，对其称赞不绝，最后将那一片的茶树赐为"御茶"。

龙井茶名贵，采摘也是很有讲究，清明前采摘的茶叶叫作明前茶，那时候的茶叶具有嫩芽，形状和莲心相似，大约七万个茶芽才能制出一千克的龙井干茶，珍贵异常。谷雨之前采摘的龙井茶则叫作雨前茶，此时茶树枝干上已长出小叶，形状像一面小旗，也像一把枪，所以也叫作旗枪。

去浙江，特别是杭州，大大小小的茶馆比比皆是。找一家西湖边的茶馆，泡上一杯上等的龙井，抿上一口，清香跟着甘甜在唇齿间流淌。眼前的西湖晴也好，雨也罢，伴着清香，永远都那么淡雅。

西湖
浪漫爱情的代名词

  杭州有西湖，西湖的美景让人沉醉，而湖畔美丽的爱情故事更是令人向往。

  西湖有三大爱情桥：断桥、长桥与西泠桥。《白蛇传》的故事让断桥享誉天下。相传白娘子与许仙相识于此，并借伞定情，最后白娘子被法海镇压在雷峰塔下，从此二人分离，塔内塔外，咫尺天涯。

  西湖南面的长桥则因《梁祝》而出名。据说，今天的杭州万松书院便是当年梁山伯和祝英台共同读书的地方，祝英台被父亲召唤回家后，两人难舍难分，于是就有了经典的"十八里相送"。梁山伯送祝英台一直送到现在的长桥，走走停停，依依惜别，可谓"长桥不长情意长"。

  再看西泠桥，这三个与爱情桥相关的故事中，只有西泠桥的是有史可查的。南齐时候，钱塘才女苏小小年轻貌美，才华横溢，她与当朝宰相之子阮郁相识相爱，却不想阮郁被父亲软禁，阮府送给苏小小休书一封。但苏小小对阮郁的爱却是至死不渝，最终她在伤心和绝望中辞世，那一年仅 19 岁。受她资助的穷书生鲍仁，衣锦还乡准备报答她的时候却是苏小小下棺之时。鲍仁扶棺痛哭，并按照她的遗言，把她葬于西泠桥畔的孤山。

  西湖边的爱情故事实在是太多了，还有著名的昆曲传奇《长生殿》，这些动人的爱情故事流传千年，不仅使杭州成了人们想象中的恋爱天堂，也使西湖成了美丽爱情的代名词。如今，来到西湖，总能看到对对情侣，或坐在柳树下，轻轻耳语；或骑上单车，踏歌而行。

大运河

流淌千年的繁华

如果说西湖像一位婉约清丽的女子，那么大运河则是一个稳重缄默的男子，大运河流淌了千年，岁月积淀的内涵则需要人们去慢慢体会。

大运河肇始于春秋，贯通于隋朝，自都城洛阳北可到涿郡（今北京），南直抵余杭（今杭州）。元朝改建时弃洛阳而直接连接北京和杭州，遂成京杭运河。

大运河是世界上里程最长、工程最大的古代运河，也是最古老的运河之一，与长城、坎儿井并称为中国古代的三项伟大工程。它南起余杭（今杭州），北到涿郡（今北京），途经今浙江、江苏、山东、河北四省及天津、北京两市，贯通钱塘江、长江、淮河、黄河、海河五大水系，全长约 1797 千米。

承载了千年的大运河，在申遗成功后再次受到了人们的瞩目。杭州段大运河北起塘栖镇，南至钱塘江，全长约 39 千米，如今已经成了一条文化休闲体验长廊和水上旅游黄金线。

杭州段大运河列入世界文化遗产的点（段）共计 11 处，分别为拱宸桥、广济桥、富义仓、凤山水城门遗址、桥西历史文化街区、西兴过塘行码头等6 个遗产点，以及杭州塘、上塘河、杭州中河、龙山河、西兴运河等 5 段河道。

大运河因人而生生不息，杭州因运河而兴盛繁荣。如今，千年古运河，满目是新景，虽沧海桑田、物换星移，大运河却早已流动在杭州人民的生命之中。无论是逛庙会、品小吃，还是赛龙舟、放花灯，大运河总是历久弥新，充满着烟火气。

钱塘江
八月十八看大潮

"八月十八潮，壮观天下无。"这是北宋大诗人苏东坡咏赞钱塘秋潮的千古名句。钱塘观潮始于汉魏，盛于唐宋，历经两千余年，已成为当地的习俗。尤其在中秋佳节前后，八方宾客蜂拥而至，只为争睹钱江潮的奇观，盛况空前。这期间，秋阳朗照，金风宜人，钱塘江口的海塘上，游客群集，兴致盎然，争睹奇景。

钱塘江最早见于《山海经》，因流经古钱塘县（今杭州）而得名，是吴越文化的主要发源地之一。可是为什么一到农历八月十八前后，涌潮就会变得最大呢？这要从三个方面说起。

钱塘江沿岸有许多名山、秀水、奇洞、古迹，河道蜿蜒曲折，上游为山溪性河道，束放相间，中游为丘陵，大潮所在的下游江口状似喇叭，外宽内窄，潮水易进难退。当大量潮水从钱塘江口涌进来时，由于江面迅速缩小，潮水来不及均匀上升，只能后浪推前浪，层层相叠，形成大潮。

其次，每到农历八月十六日至十八日，这时太阳、地球、月球几乎运动到了一条直线上，因此这几天海水受到的引潮力最大，活动性强。

最后和浙江当地的气候也有着密切的关系，浙江沿海一带秋季常会吹起强劲的东南风，与潮水前进方向基本一致，这在一定程度上也助长了潮势。

潮水涌来，如万头雄狮惊吼跃起，激浪千重，随即潮头转，返窜向塘岸，直向塘顶观潮的人们扑来。观潮者常措手不及、惊逃失态，可转眼间，潮水又再次涌到江边。难怪有人说"钱塘郭里看潮人，直到白头看不足"。

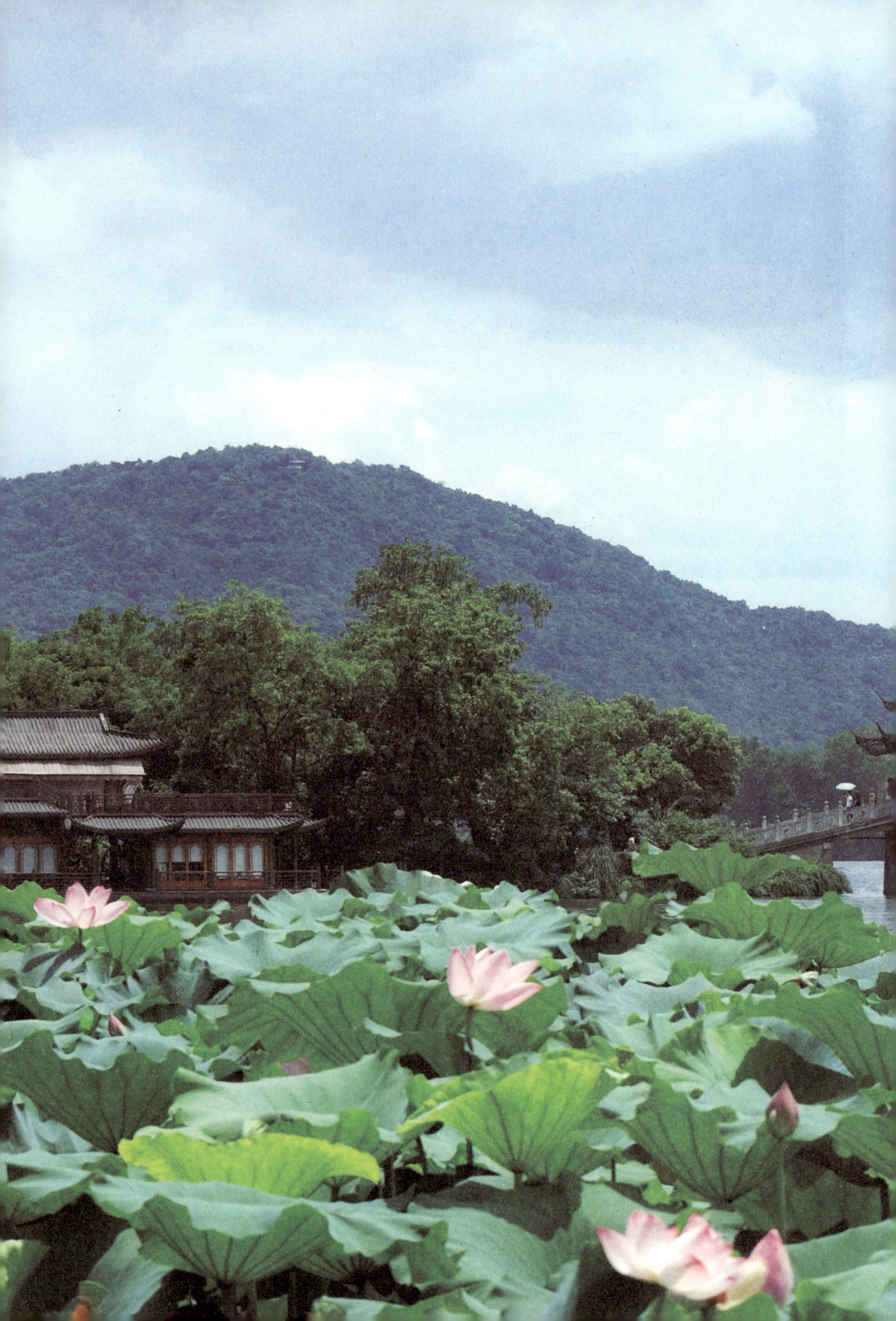

第 1 章
杭州
西湖

白堤—孤山岛

曲院风荷

岳墓栖霞

苏堤—花港观鱼

西湖三岛

杨公堤—三台云水

太子湾公园

雷峰夕照—南屏晚钟

柳浪闻莺风光带

杭州深度游
Follow Me
★★★
慢旅行的倡导者

苏堤春晓

提起苏堤春晓，那桃红柳绿、春意盎然的景象，早已令人心驰神往。正是这条全长约2.8千米、见证了900多年沧桑岁月的长堤，把西湖的春天唤醒，从而成为西湖十景中的第一名胜。从苏堤的南端入口起，一路往北，经过映波桥、锁澜桥、望山桥、压堤桥、东浦桥，最后到达跨虹桥，一路美景不断。

三潭印月

西湖上分布着湖中三岛，分别叫湖心亭、阮公墩和三潭印月。三潭印月又名"小瀛洲"，寓意为"海上的仙山琼岛"。小瀛洲是湖中三岛中最大的一个岛，面积约3万平方米，其中水域面积约占60%，南北连接曲桥，东西横贯土堤，形成了"湖中有岛，岛中有湖"的水上园林景观。

花港观鱼

西湖园林中最有看头的，当推花港观鱼公园。这里曾经是南宋内侍官卢允升的私家花园，称为卢园，因为花家山的溪水经过这里流入西湖，所以被称作"花港"。清代的康熙皇帝和乾隆皇帝都对花港观鱼情有独钟。这里春夏秋冬，花事不断；一年四季，异彩纷呈。游人身临其境，定会觉得风光美不胜收，心境怡然自得。

卧龙
黄龙民俗园　黄龙
金鼓洞　黄龙吐翠
紫云洞
栖霞洞　　卓石山
爱丽芬宾馆
曲院风荷
黑白酒吧　黄宾虹故居　杭州香格里拉饭店
杭州植物园　岳墓栖霞
金沙港
跨虹桥
曲院风荷　　西泠印社
赵公堤　　　　东浦桥
玉带桥
杭州花圃
洪桥度假村　杨堤景行　　阮墩环
压堤桥
都锦生故居　上香古道
西湖国宾馆
醉白楼　丁家山　望山
龙　　盖叫天墓　刘庄
永福桥
杨公堤碑亭
浙江宾馆　乌龟潭　景行桥
中国茶叶博物馆　三台山庄
于谦墓
五老峰　俞曲园墓　花港观
三台云水
三台阁
子久草堂
留余山居
法相唐樟　东方龙大酒店

柳浪闻莺

　　柳浪闻莺是西湖十景之一，是一座以春花为主景的大花园。柳丛衬托着紫楠、雪松、广玉兰、梅花等异木名花。南宋时，这里是京城最大的御花园，称聚景园。当时园内有会芳殿、三堂和九亭及柳浪桥和学士桥。清代恢复柳浪闻莺旧景，有柳州之名。其间黄莺飞舞，竞相啼鸣，故有"柳浪闻莺"之称。

雷峰夕照

　　登雷峰塔观赏西湖全景有着独特的优势，它所在的夕照山，山高约48米，地处西湖南岸，山体向北凸出于湖面，与西湖水域可谓山水相连，却又保持着一段距离而远近适中。每当夕阳衔山，暮色渐起，这一带就会显现出水天一色、霞光西照的景象。古塔林峦，金碧璀璨，倒映湖面仿佛明镜初开，西湖十景之一的"雷峰夕照"由此而来。

南屏晚钟

　　净慈寺位于雷峰塔附近，始建于五代吴越国时期，是西湖历史上的四大古刹之一。每当夜幕降临，华灯初上，寺院里的师傅们便开始了一天中最后一个"大典"：敲钟。浑厚深沉的钟声响彻云霄，传递给我们的除了靡靡梵音，还有美好的祝愿，南屏晚钟就这样日复一日，年复一年。

杭州西湖示意图

宝麓山庄 保俶塔 宝石流霞 望湖楼 保俶山庄 道院 智果禅寺 六公园 沙孟海故居 望湖宾馆 华侨饭店 断桥残雪 湖滨晴雨 街寻梦饭店 锦带桥 平海路 平湖秋月 解放路 省博物馆 西 一公园 湖心亭 西湖天地 东方大酒店 涌金广场 西湖大道 钱祠表忠 潘天寿纪念馆 钱王祠 茅以升故居 湖 花园餐厅 柳浪闻莺 河坊街 三潭印月 学士公园 吴山天风 城隍阁 菲乐餐厅 汪庄 雷峰塔 海底世界 云居山 夕照山 雷峰夕照 革命烈士纪念馆 波桥 五松岭隧道 净慈禅寺 南宋太庙遗址 南屏晚钟 石佛洞 南屏山 万松书缘 苍水墓 报恩寺遗址 中国丝绸博物馆

冬天游西湖也别有一番风味，尤其在雪后的清晨。四周寂寥无声，湖面上雾气缭绕，乘一艘游船漂荡在湖上，可细细品味这一方宁静的天地。

微印象

@陶笑宇 来到了四季皆美的西湖,我找不到词语来形容它,但西湖的老十景、新十景等名词,都像老朋友似的涌进大脑里,还有赞美西湖的诗句也是那样脍炙人口。

@木头人 葱绿的大树在雨水的冲刷下显得格外清晰,树下的游客们都显得格外悠闲,三三两两地边走边说,一切都是那么和谐。

门票和开放时间

门票:进入景区免费,部分景点单独收费。

开放时间:西湖景区全天开放,部分景点另有开放时间。

景点	门票	开放时间
灵隐寺-飞来峰	45元	7:30~17:00
岳王庙	25元	8:00~17:00
胡雪岩故居	20元	8:00~17:30
雷峰塔公园	40元	8:00~17:00
虎跑公园	15元	6:00~18:30
杭州海底世界	120元	8:30~17:00
吴山城隍庙	30元	7:30~21:30

最佳旅游时间

欣赏美丽的西湖四季皆宜,任何季节来此都可以欣赏到不一样的风景。

景点星级

人文★★★★★　美丽★★★★★　浪漫★★★★★　休闲★★★★★

特色★★★★★　刺激★★

西湖位于杭州城的西南方，它以其秀丽的湖光山色和众多的名胜古迹而闻名中外，并被世人赋予"人间天堂"的美誉。西湖有100多处公园景点，包括三秋桂子、六桥烟柳、九里云松、十里荷花等景观，还有20多座博物馆，已被列入世界文化遗产。

西湖拥有三面云山、一水抱城的自然风光，以"欲把西湖比西子，淡妆浓抹总相宜"的山水秀色，点缀杭州，吸引游客。西湖之妙，在于湖裹山中，山屏湖外，湖和山相得益彰；西湖的美，在于晴中见潋滟，雨中显空蒙，无论雨雪阴晴都能成景。

故事　王母落玉化西湖

传说很久以前，天上的玉龙和金凤在银河边的仙岛上找到了一块白玉，他们一起雕琢许多年，白玉变成了一颗璀璨的明珠，这颗宝珠的珠光照到哪里，那里的树木就常青，百花就盛开。后来王母娘娘发现了这颗宝珠，就派天兵天将将其抢走，玉龙和金凤赶去索要，争抢之时，王母的手突然一松，明珠就掉落到人间，变成了波光粼粼的西湖，玉龙和金凤也随之下凡，变成了玉龙山（即玉皇山）和凤凰山，永远守护着西湖。

👪 亲子研学

西湖的由来

西湖其实是一个潟（xì）湖，在海的边缘地区，由于海水受不完全隔绝，引起水介质咸化或淡化，即形成不同水体性质潟湖。

秦朝时，西湖还只是一个和钱塘江相连的海湾，耸峙在西湖南北的吴山和宝石山，是当时环抱着这个小海湾的两个岬角。后在潮汐的冲击下，泥沙在两个岬角淤积起来，逐渐变成沙洲。此后，沙洲不断向东、南、北三个方向扩展，沙洲连在一起，形成了冲积平原，把海湾和钱塘江分隔了开来，原来的海湾变成了一个内湖，西湖由此诞生。

攻 略

景区交通 游遍景区不犯愁

外部交通:

1.**自驾车**: 杭州交通发达,周围高速公路主要有沪杭高速、宁杭高速、杭浦高速等。自驾车到达杭州后,由绕城高速至西湖隧道,到达终点。西湖环湖景区主要有杭州花圃、郭庄、曲院风荷三号门、岳庙、西泠桥、菩提精舍、保俶前山、中山公园、平湖秋月、雷峰塔、花港、太子湾公园、柳浪闻莺公园等停车点。

2.**公共交通**: 到西湖景区主要公交线路有4、31、118、318路等。

3.**地铁**: 乘坐地铁1号线在定安路站下车,沿西湖大道向西可到达西湖景区,或在龙翔桥站下车向西也可到达。

内部交通:

1.**公共自行车**: 西湖周边有许多自行车租赁点,环湖地带随处可见,主要分布在西湖东线景区、一公园到六公园、上城区南山路一带。

2.**西湖游船**:

①**画舫**: 50~90元/人（随船型和游览路线会略有不同）,有花港码头等9个码头可乘船。

②**手划船**: 每船限乘6名游客,150元每小时。1小时起租,超过1小时后按每半小时计费。

③**摇橹船**: 每船限乘10名游客,180元每小时。1小时起租,超过1小时后按每半小时计费。

④**电动自开船**: 在西里湖、长桥湾、小南湖、北里湖水域租船,30元半小时/船起租,限坐4人（北里湖也有6客位船型）。

⑤**自划船**: 在湖滨六公园租船,30元每小时/船,1小时起租（限坐5人）。

3.**步行**: 游西湖的游客大部分都喜欢步行,美丽的西湖一步一景,和亲朋好友或者独自一人,慢慢走在西湖边上,感受着这里的旖旎风光,走累了就在岸边找处座椅休息片刻,多么悠闲,无论什么样的压力,在你走在西湖边的时候都会弃之脑后。

住宿 驴友力荐的住宿地

西湖周边住宿有多种选择,有高档星级酒店,也有商务休闲酒店,还有各种特色的精品民宿,可以满足不同游客的需求。其中,许多豪华酒店集中在北山路附近。

西湖国宾馆: 五星级,又名"刘庄",原为晚清富豪刘学询所

建的别墅，酒店三面环湖，一面背山。内部建筑豪华，陈设古朴典雅。梦香阁、望山楼、湖山春晓等楼台水榭、曲桥、亭廊、山水互为交错，独具东方园林特色，被誉为"西湖第一名园"。地址：西湖区杨公堤18号。

金溪山庄：四星级，是西湖边上唯一一家四周湖水环绕的高档酒店。该山庄不仅保持了中国建筑精致典雅的江南人家风格，而且注入了现代化气息，和周边的西湖山水美景相得益彰。地址：杨公堤39号。

花漾：位于西湖风景名胜区的中心地带，这里有著名的赏花胜地——太子湾，毗邻动物园、灵隐寺，交通便捷。在这里喝上一杯当地特色的西湖龙井，可享受远离城市的喧嚣，让自己仿佛置身于大自然的环抱中。地址：虎跑路四眼井100号。

新新饭店：背依宝石山，面临西子湖，风光秀丽，建筑风格是较为幽雅大气的欧式建筑。风格各异的各种宴会厅、风味厅及休闲厅提供南北美味佳肴和江南特色小吃，饭店七楼有天画苑豪华观景餐厅，可以在品酌间饱览西湖美景。地址：北山路58号。

杭州花家山庄：是一家按五星级标准建造的别墅式旅游度假饭店。900多年前，花家山庄曾是高丽寺所在地，山庄紧邻灵隐寺、花港观鱼、太子湾公园等，被誉为"都市里的桃源"。山庄拥有多处景点，如东坡亭、雅谷泉、友谊碑等。地址：三台山路25号。

杭州西湖索菲特大酒店：是与西湖碧水相连的国际品牌五星级酒店，酒店整体设计精致大气，尊贵温馨。拥有杭城独一无二的钻石露台，能让宾客足不出户即可欣赏西湖美景。位于酒店六楼的涌金阁餐厅提供以广东菜为主的各式菜肴。另外，酒店还拥有最具特色的且杭城唯一的巴厘岛SPA水疗馆。地址：西湖大道333号。

美食 饕餮一族新发现

西湖的特色美食有西湖醋鱼、东坡肉、龙井虾仁等，游客在游览时可以看到许多餐馆和茶楼，其中最著名的莫过于楼外楼和明鉴楼了。

楼外楼：位于孤山南麓，整体装饰典雅，环境幽美，设施齐全，是西湖景区内的百年老店，在店内可以一边品尝杭帮菜，一边欣赏西湖的湖光山色。特色菜有叫花童鸡、西湖醋鱼、西湖一品煲、宋嫂鱼羹等。

明鉴楼：依山傍水，望平湖秋月，可赏西湖荷花。明鉴楼背后是孤山，远处是宝石山、隆起的断桥，望着窗外，西湖的波光及近处的荷花尽收眼底。很多游人喜欢来此喝茶，喝茶其实就是看风景，交朋友，养性情。

另外，西湖环湖路上还有许多颇具情调的咖啡馆和韵味十足的老茶馆，都可以让游客在游览的同时，享受休闲餐饮服务。

购物 又玩又买嗨翻天

西湖的特产种类繁多，包括品南乳肉、杭州酱鸭、玉器、黑陶、泥人、织锦、西湖龙井茶、西湖绸伞、西湖藕粉、西湖天竺筷、南宋官窑、王星记扇子、张小泉剪刀等。

娱乐 城市魅力深体验

在西湖，除了观赏著名经典的"西湖十景"之外，还有多种多样的休闲娱乐方式。通过这些不同的方式，游客可以发现更多面的西湖之美。

品文化村：2007年评出的"西湖新十景"中"梅坞春早"中的"梅坞"指的是梅家坞，这里溪谷深广，草木繁盛，茶园广袤，每当清明时节来临，云雾缭绕的山坡上，采茶女的身影隐现在碧绿如茵的茶园之间，为春天西湖的独特美景。梅家坞茶文化村是西湖龙井茶的主产地之一，有"十里梅坞"之称，该村四周被青山环绕，是杭州最富茶乡特色的农家村落群和茶文化休闲旅游区，也是品龙井茶、吃农家饭的好去处。

逛时尚街：湖滨路旅游商贸特色街区是杭城最具品位的国际街区，保留了中西合璧的建筑风格，是一条融旅游观光、休闲漫步、时尚购物、国际美食为一体的特色街区。漫步在街上，一边是豪华靓丽的国际名品店，一边是秀丽迷人的西湖美景，真是让人享受不已。

赏四时花：杭州赏花的地方很多，但是想在同一地点把各种花尽收眼底是很困难的。在西湖，白堤、苏堤有名的是桃花；春天的太子湾公园是郁金香的海洋；柳浪闻莺公园的樱花粉白美丽；每年的西湖杜鹃花节在满陇桂雨公园举行；长桥公园的玉兰花白如玉。

游博物馆：中国丝绸博物馆位于杭州西子湖畔，是第一座全国性的丝绸专业博物馆，也是世界上最大的丝绸博物馆。该馆全方位地展示了丝绸历史及文化，馆内藏有自新石器时代起各朝代与丝绸有关的历史文物，特别是出土于丝绸之路沿途的汉唐织物、北方草原的辽金实物等，此外，这里还有众多的民族文物和现代文物。

行程推荐 智慧旅行赛导游

骑行线路：西湖景区面积大，景点多，最好的游览方式就是环湖骑行，节奏快慢自由控制，节省辗转的时间。

清晨6:00，从曲院风荷出发，沿着北山路向湖滨路方向骑，会路过经典景点断桥、宝石山、岳庙、苏堤。7:00，可以在湖滨路边著名的"知味观"来上一碗猫耳朵，别样的美味。9:00，沿着湖滨路到南山路，这里每一幢楼房都各具魅力，仿佛是走在欧洲的某个城市。12:00，骑车继续沿南山路前行，在南屏晚钟吃个素食。14:00，骑车逛苏堤，晃晃悠悠品味"十里长堤柳色新，六桥凝碧水粼粼"的旖旎景色。16:00，从灵隐路往龙井走，一直往上骑到南高峰，沿路有茶叶博物馆、龙井村，到顶后，可以从满觉陇下来，一路风景如画。17:00，沿路去黄龙洞、宝石山、葛岭……看夕阳下的西湖，怎一个美字了得。

步行路线：游览西湖的游客大多会选择步行的方式。用步行的方式游览，景点间路途花费的时间较长，可以选择乘坐观光巴士或者公交车。

清晨6:00，从白堤出发。7:00，在西泠印社喝一杯茶，吃上一些茶点。9:00，游览苏东坡纪念馆。10:00，在太子湾公园体会田园风光和山情野趣。11:00，至南山路花中城藕香居品尝杭帮菜和野生水产。14:00，漫步至花港观鱼，一路游览苏堤。16:00，游览杨公堤、郭庄、三台云水……晚饭可以选择杨公堤附近的餐厅。吃过晚饭，可以找家茶吧、酒吧或咖啡吧，静静享受西湖的夜色。

白堤—孤山岛

断桥残雪的诗情画意

微印象

@青翎姐姐 午后，坐上小船，荡漾在孤山岛。天气风和日丽，心情简单安宁。然后坐在沙滩边喝杯凉茶，看日落西山，儿童嬉水，生活就该这般美好。

@马丫出游 断桥残雪是欣赏西湖雪景的绝佳之地，属于西湖十景之一，民间传说"白蛇传"为断桥增添了几分浪漫的色彩。

门票和开放时间
门票：免费。
开放时间：9:00~16:30。

最佳旅游时间
以冬季游览最佳，断桥残雪是西湖冬季的一处独特景观。

进入景区交通
位置：西湖风景区西北部。
交通：乘坐地铁1号线在凤起路站下车，再步行过去即可。

景点星级
人文★★★★★　美丽★★★★★　浪漫★★★★★　休闲★★★★　特色★★★★　刺激★

西湖北部主要的景区是孤山和白堤。

孤山是西湖中的一座天然岛屿（不在西湖三岛之列），也是西湖中最大的岛屿，四面环水（外西湖与北里湖），自从唐代东面筑起白堤以后，东通断桥，西接西泠桥，孤山就不再是湖中孤岛，于是有"孤山不孤"之说。

孤山的名胜古迹有30多处，沿湖岸所能欣赏到的有西泠桥、秋瑾墓、西泠印社、楼外楼、中山公园等。孤山之后是白堤，横亘在西湖东西向的湖面上，从断桥起，过锦带桥，止于平湖秋月，长约1千米。宋时因此路是通往孤山的唯一的道路，故称孤山路。白堤的风景独具特色：春桃夏柳，秋桂冬雪，令人流连忘返。

❶ 断桥

西湖上桥梁众多，其中最著名的莫过于断桥了。

原断桥位于西湖东岸、白堤东端，最早建于唐朝，今日断桥是1921年重建的，为拱形独孔环洞石桥，长8.8米，宽8.6米，单孔净跨6.1米，秉承着曾经古朴淡雅的风貌。桥东有康熙御题景碑亭，亭侧建水榭，题额"云水光中"，青瓦朱栏，飞檐翘角，与桥呼应。

断桥背城面山，正好处于外湖和北里湖的分水点上，视野开阔，是冬天观赏西湖雪景的最佳处所。每当瑞雪初晴，桥的阳面已冰消雪化，而桥的阴面却还是白雪皑皑。最早记载"断桥残雪"的是唐朝的张祜，他有诗句"断桥荒藓涩"，从中可知断桥是一座苔藓斑驳的古老石桥。大雪初霁，原来苔藓斑驳的古石桥上，雪已残而未消，难免有些残山剩水之感，于是就拟出了"断桥残雪"这一西湖难得的景观。

点赞 👍 @戏子厨子痞子 听到断桥残雪的名字，首先想到了白娘子和许仙，还有那首特别好听的歌。以前一直以为断桥是座断了的桥，来了才知道没有断，只是因为在冬天观雪的时候像断了一般。桥上游人非常多，站到桥上观赏西湖的风景还是很惬意的！

Follow Me 杭州深度游

孤山岛示意图

孤山路

孤山路

链接　断桥名字的由来

关于断桥名字的由来，大致有三种说法：
一说孤山之路到此而断；一说段家桥简称段
桥，谐音为断桥；一说大雪初停，日出映照，
登宝石山往南俯瞰，白堤皑皑如链，断桥向阳
面积雪融化，露出褐色的桥面一痕，仿佛长长
的白链到此中断了，因此叫断桥。

故事　许仙和白素贞

白素贞，民间多称呼为白娘子。相传白娘子原本是在山野中修炼的一条小白蛇。有一天，小白蛇被一个捕蛇老人
抓住了，差一点遭遇杀身之祸，幸亏被一位小牧童所救。经过一千七百多年的修炼，白娘子终于化作人形，经观音大
士指点，来到杭州西湖寻找前世救命恩人小牧童。清明佳节，烟雨蒙蒙，观音大士说"有缘千里来相会，须往西湖高
处寻"。在杭州西湖的断桥上，白娘子终于找到了前世的救命恩人许仙，后以身相许，结为夫妻。在经历水漫金山之
后，又是在断桥重逢，再续前缘。

❷ 白堤

白堤东起"断桥残雪"，经锦带桥
向西，在"平湖秋月"与孤山相接，长
约1千米。唐代称白沙堤、沙堤，宋、
明又称孤山路、十锦塘。唐代诗人白居
易任杭州刺史时有诗云："最爱湖东行
不足，绿杨荫里白沙堤。"即指此堤。
可见古时白堤以白沙铺地，后人为纪念
这位诗人，将其称为白堤，后来这里改
为柏油路面，两侧广种碧桃翠柳，是欣
赏西湖全景和周边诸山的最佳观赏点。

👍 @殁小荏 断桥一走过，就是那长长的白堤。白堤最美在桃红柳绿的春天，一望无际。走在白堤上，可以望到保俶塔和宝石山。生活在杭州的人，当桃花盛开的时候必去白堤！这个景致能让人心旷神怡。

小贴士

白堤是观西湖全景的佳处，湖光山色优美动人，很多新婚的人都来此拍结婚照。

❸ 平湖秋月

"平湖秋月"景区位于白堤西端，孤山南麓。凭临湖水，登楼眺望秋月，在恬静中感受西湖的浩渺，洗涤烦躁的心境，是它的神韵所在。

清康熙皇帝六次南巡，五次光临此地，可见他深爱此地。清康熙三十八年（1699年）以后"平湖秋月"景址正式确定。此处背倚孤山，面临外湖。每当秋高气爽时，湖面平静如镜，皓洁的秋月当空普照，宁静的月影、微漾的湖光、空蒙的山色，徐徐展开一幅山水画式的湖山夜景，故在湖畔立碑题名"平湖秋月"。

小贴士

每年农历八月十四至十六，"平湖秋月"景区都会举办"月是西湖明"中秋赏月晚会。

👍 @稻草上的hs 坐在平湖秋月点杯茶，吃吃小点心，看看湖面上摇曳的手摇船和来往的大龙船，很舒服。等到晚点夜幕降临，周围的亭子亮起灯，景色更为迷人。

4 孤山

孤山位于西湖西北角，四面环水，东接白堤，西连西泠桥，因位于西湖的里湖与外湖之间，故名孤山。孤山海拔约38米，为西湖群山最低的山，然而却是湖中最大的岛屿，也是湖中唯一的天然岛屿。

孤山景色早在唐宋已闻名遐迩，唐诗人白居易有"孤山寺北贾亭西，水面初平云脚低"，明代凌云翰有"冻木晨闻尾毕浦，孤山景好胜披图"的佳句。孤山既是风景胜地，也是西湖文物荟萃之处。宋理宗在此建过西太乙宫，清康熙、乾隆在此建过行宫。如今的孤山公园碧波环绕，山间花木繁茂，亭台楼阁错落别致，是一座融自然美和艺术美为一体的立体园林。

点赞 👍 @殁小荏 孤山的景致就像是世外桃源，春夏秋冬都有不同的美景。春天樱花浪漫；夏天在孤山看水面，有一片美丽的荷田；秋天桂花飘香，弥漫整座孤山公园；冬天的蜡梅、红梅、白梅、紫梅更加不用说，本来孤山就是以梅花出名的。

5 西泠印社

西泠印社由浙派篆刻家丁仁、王禔、吴隐、叶铭于1904年创建于杭州西湖孤山南麓。他们以"保存金石，研究印学，兼及书画"为宗旨，是海内外研究金石篆刻历史最悠久、成就最高、影响最广的学术团体，有"天下第一名社"之誉。

西泠印社居山而建，由上、中、下三部分组成。主要建筑包括仰贤亭、华严经石塔等九处园林建筑。社内环境幽雅，

小贴士

如今的西泠印社多为展厅，游人可以在其中选购自己喜欢的印，作为收藏或者馈送亲朋都是不错的，店家可提供免费雕刻。

风景秀丽，楼台亭阁建筑精美，摩崖石刻星罗棋布，成为西湖园林的精华之处。至新中国成立以前，西泠印社有60多位正式社员，这其中不乏弘一法师李叔同、山水画一代宗师黄宾虹等大家，在当时颇有影响力。西泠印社每十周年会举办一次纪念活动。

点赞 👍 @yaguanlou 去杭州最大的收获仿佛就是这里。西泠印社旧地，依山而建，建筑错落有致，百年来，文人的绮梦一般，没想到，西湖这方山水，能引来如此多的人才啊！印社中随便一处亭台都有典故，估计仰慕这里的人也很多吧。

曲院风荷

荷香沁心脾

微印象

@美丽的张小姐 曲院风荷，古宅屹立在盛开的荷花中如油画一般美不胜收，我就是走在画中的美人。

@瞳言瞳画 在曲院风荷里走了走，游客不多，太阳光虽强烈好在有风，没有想象中的那么燥热，在树荫下坐坐，吹吹风，风景这边独好。

门票和开放时间

门票：免费。

开放时间：全天开放。

最佳游览时间

景区以荷花之景闻名，尤以夏季游览最佳。

进入景区交通

位置：西湖西北部，孤山岛之西。

交通：乘坐7路公交在岳坟站下，或乘坐K4路到苏堤站下车。

景点星级

人文★★★★★　美丽★★★★★　浪漫★★★★　休闲★★★★　特色★★★★　刺激★

南宋时，有一座官家酿酒的作坊，取金沙涧的溪水造曲酒，闻名国内。附近的池塘种有菱荷，每当夏日风起，酒香荷香沁人心脾，因名"曲院荷风"。康熙年间，为迎皇帝巡游，特地在苏堤跨虹桥畔的岳湖里引种荷花，增设水榭楼台，弹奏秦汉古风。康熙看荷听曲，提笔游龙，为此地书名立碑，改"曲（qū）院"为"曲（qǔ）院"，正"荷风"为"风荷"。

旧时的曲院风荷，仅一碑一亭半亩地，局促于西里湖一隅，现在的曲院风荷起自跨虹桥畔的碑亭，沿岳湖、金沙港直达卧龙桥外的郭庄，迤逦数里，建成岳湖、竹素园、风荷、曲院、湖滨密林区五大景区，成为西湖环湖地区最大的公园，还是欣赏"接天莲叶无穷碧，映日荷花别样红"的夏游名园。

❶ 岳湖

岳湖，为了纪念岳飞而命名。景区保存了清代康熙皇帝题书的"曲院风荷"景碑小院，那块景碑是仅存的两块康熙西湖十景原碑之一。

湖中有多个小岛和半岛，有桥相通。

点赞 👍 @笨鸟肥肥 比较喜欢的西湖的一个景点。特别是夏天满池荷花盛开的时候，虽然太阳很大，但是树荫也很大，在树荫下行走不是很热，每次去都会在那个曲院风荷的牌子边拍照。

链接 印象西湖

每晚，美丽的西湖岳湖景区都会有"印象西湖"山水实景演出。该演出由张艺谋导演执导，西湖山水、园林景观是演出的天然背景，同时融合杭州民间传说、诗词歌赋等人文元素，融入了杭州城市内涵和历史文化的精髓。

演出票价：310元至1230元。演出时间：第一场19:40（每天），第二场21:10（周五、周六、节假日请联系客服确认）。

曲院风荷示意图

2 竹素园

　　竹素园旧称湖山春社，为清浙督李卫建造。凿池置石，构筑亭轩，栽培四时花木，引桃溪清流，屈曲环注，有曲水流觞之意，乾隆御书"竹素园"。今内通江南名石园，园内盆景假山，回廊迷离，修篁弄素，清新恬淡。

3 风荷景区

　　曲院最为精彩处在风荷景区，宁静的湖面上，分布着红莲、白莲、重台莲、洒金莲、并蒂莲等名种荷花。莲叶田田，菡萏妖娆，清波照红湛碧。从水面造型各异的小桥上且行且看，人倚花姿，花映人面。

夏日清风徐来，荷香与酒香四下飘逸，游人身心俱爽，不饮亦醉。南宋画家马远等品题西湖十景时，把这里也列为西湖十景之一。

> **点赞** 👍 @ajsky 非常喜欢这一带，虽然还远不到荷花盛开的时候。这边很静谧，人不多，一草一木皆是风景。

❹ 湖滨密林区

曲院风荷的滨湖密林区内设度假村，建有幢幢桦木结构小木屋及木板平房，供游人租用。同时还出租吊床、营帐、炊具等供游人野炊。1996年，景区内充实了酒文化内容，举办了第一届"西湖酒文化节"。新建的"风荷御酒坊"景点通过场景复原、壁画、雕塑、微缩景观等手段，向游人展示南宋御酒制作流程、宫廷酒宴、民间酒肆、赛酒会等内容，并引进曲水流觞一景，使曲院风荷又重新飘起酒香。

> **点赞** 👍 @快乐宝吧 这里可以领略酒文化，了解酒的制作过程，还有很多有关酒的雕塑，作为曲院风荷的景点与公园融为一体，很不错的地方。

链接 杭州酒文化节

如今每逢金秋都会举办"酒文化节"，届时，国内外游人云集此地，饮酒赏月，赋诗作画，开展酒德、酒令、酒版、酒戒、酒礼、酒风、酒史、酒趣、酒功、酒祸、酒艺、酒诗等一系列的探讨，弘扬中国的传统文化，并对当代酒风作专题研究，是一个融旅游、学术、文化、考古于一炉的独特节日。

岳墓栖霞

"八千里路云和月"之意境

微印象

@天地沙鸥 如果说万松书院是缠绵的西湖，那么岳墓栖霞则是阳刚的西湖。

@老龙王 岳飞忠骨此山寻，墓地奸臣若被擒。栖鸟深情翔岭上，霞光万道照陵林。

门票和开放时间

门票：栖霞岭免费开放，岳王庙25元。

开放时间：4~11月7:00~20:00；12月至次年3月7:30~17:30。

最佳游览时间

每当夕阳西下时，景区岳墓上便有了一道道霞光，非常绚美。所以选择傍晚时分游览最佳。

进入景区交通

位置：西湖西北部，曲院风荷的北面。

交通：乘7、27、118路公交到岳坟站下，步行近200米即可到达。

景点星级

人文★★★★★　美丽★★★★★　浪漫★★★　休闲★★★　特色★★★　刺激★

在苏堤北面，背靠着栖霞岭，埋葬着一位著名的爱国将领——岳飞。每当夕阳西下时，岳墓上便有了一道道霞光，非常绚美，因而得名"岳墓栖霞"。景区有岳王庙、栖霞岭等景点。

1 岳王庙

岳王庙始建于南宋嘉定十四年（1221年），原名智果观音院，后改名为褒忠衍福禅寺，明景泰年间改称"忠烈庙"，经历了元、明、清、民国时兴时废，是历代纪念爱国英雄岳飞的场所。岳王庙于清康熙五十四年（1715年）重建，1978年全面重修。

忠烈庙内塑有岳飞彩像，其上有岳飞手迹草书"还我河山"巨匾。南北各有一条碑廊，北面碑廊陈列的是岳飞的诗词、奏札等手迹，南面是历代修庙的记录及历代名人凭吊岳飞的诗词。忠烈庙的东侧是启忠祠，供奉着岳飞的子女、儿媳的像。

👪 亲子研学

岳飞小传

岳飞（1103—1142年），字鹏举，河南汤阴人，20岁应征入伍，成为一位名将。1140年，金军南下入侵南宋，岳飞出兵反击，相继收复郑州、洛阳等地。面对大好抗金形势，宋高宗却命令退兵，他坚持抗战，力图收复失地，却因此得罪了宋高宗。一心怕金朝威胁，力求保住皇位的宋高宗，与奸臣秦桧共谋陷害，最后以"莫须有"的罪名于风波亭将他杀害。

点赞 👍 @XS320 半个世纪前，父母带我来这里拜岳王，给我讲岳母刺字、尽忠报国的故事。这些让我记了一辈子，现在我又讲给子孙听。也许，爱国精神、民族传统就是这样代代相传下来的。

2 岳坟

岳坟所在地又名"精忠园"。从精忠桥进入岳飞墓园，墓道两侧有石马、石虎、石羊各一对和石俑三对，正中便是岳飞墓，墓碑上刻着"宋岳鄂王墓"，左边是岳飞之子岳云墓。

墓前一对望柱上刻有一副对联："正邪自古同冰炭，毁誉于今判伪真"。墓阙后面两侧分列秦桧等四人的铸铁跪像，供人唾骂，遗臭万年。墓阙后重门旁有对联一副："青山有幸埋忠骨，白铁无辜铸奸臣"。墓园一侧，另有一组庭园，现已辟成岳飞纪念馆，供游人瞻仰。

点赞 👍 @散格lost 杭州西湖，满目都是秀丽的山水，有岳飞这样一位爱国英雄，似乎增添了许多阳刚之气。

❸ 栖霞岭

岳王庙背靠栖霞岭，栖霞岭又称履泰山或赤岸。相传岭上旧时多桃花，到了春日桃花盛开，犹如满岭彩霞，故称栖霞岭。

栖霞岭海拔不高，岭上有很多名胜古迹，攀爬的游人比较多，经常能看到岭上各条山道中有人练声、有人遛鸟，有三五人坐在树下打牌或者散步，特别是夏季炎热之时，岭上的紫云洞、金鼓洞、银鼓洞就成了绝佳的纳凉好去处。岭上还有岳飞得力助手牛皋之墓，岭边有依山而建的鲍庄，上山大道上有美术大师黄宾虹纪念馆、双灵亭、白沙泉，以及杭州的老民居建筑群——紫云里。

> **点赞** 👍 **@遇见** 夏天去爬的栖霞岭，走在树荫下特别凉快，见到很多老人们在树下休息、下棋、打牌，悠然自得，真希望我老了之后也可以如此这般。

链接 **紫云里民居**

紫云里现在依然住着许多居民，房屋都是坐北朝南而建。这里是杭州为数不多的整齐而又有规模的旧式民居，有老式的屋瓦和老虎窗，有些居民还在用老式煤炉生火做饭，这一切仿佛是杭州十九世纪六七十年代的缩影。民居前是长排的老樟树，樟树边则是通往栖霞岭上的路，直上岭端。

苏堤—花港观鱼

彩衣斑斓的"报春使者"

@梁缘同学 傍晚在苏堤骑单车拍了好多照片，这个时候的西湖简直是惊艳！

@亘古部落 对于摄影爱好者来说，横穿西湖的苏堤是一个不错的取景平台，坐在堤边的椅子上，凝望眼前的西湖，"择一城生存与发展，再择一城终老"。

门票和开放时间

门票：免费开放。

开放时间：全天开放。

最佳游览时间

四季皆宜，春季最佳。

进入景区交通

位置：苏堤跨西湖南北，北起点位于曲院风荷与孤山岛之间，南端位于南屏山脚下；花港观鱼位于苏堤南段。

交通：乘地铁1号线在龙翔桥站下，再转乘7、118路等公交车即可。

景点星级

人文★★★★★　　美丽★★★★★　　浪漫★★★★★　　休闲★★★★★　　特色★★★★★　　刺激★

　　苏堤旧称苏公堤，为西湖十景之首。沿堤栽植杨柳、碧桃等观赏树木及大批花草，还建有六座单孔石拱桥，古朴美观。漫步在堤上，好鸟和鸣，意境动人。

　　花港观鱼是以花、港、鱼为特色的风景点，地处苏堤南段西侧。池岸曲折自然，池中堆土成岛，池上架设曲桥，倚桥栏俯瞰，数千尾金鳞红鱼结队往来，泼刺戏水。

❶ 苏堤

　　苏堤是一条贯穿西湖风景区南北的林荫大堤，南起南屏山麓，北到栖霞岭下，全长近3000米，堤宽平均36米。宋朝苏轼任杭州知府时，疏浚西湖，取湖泥葑草堆筑而成。后人为了纪念其治理西湖的功绩，将它命名为"苏堤"。1950年对堤身进行加高加宽，修筑沿湖游步道，设置了座椅。

小贴士

　　环湖观光游览车行驶的路线经过苏堤，普通车型车费起步10元，仿古车型起步20元。

　　苏堤上共有六座石拱桥，从南往北分别为映波、锁澜、望山、压堤、东浦（据考证，疑为"束浦"）、跨虹，所以苏堤又被称为六吊桥。堤上遍种花木，有垂柳、碧桃、海棠、芙蓉、紫藤等四十多个品种，寒冬一过，苏堤犹如一位翩翩而来的报春使者，杨柳夹岸，艳桃灼灼。湖山胜景如画般展开，新柳如烟，红翠间错，清风徐来，无限柔情，故有"苏堤春晓"之名。

> **点赞** 👍 @笑笑618 怕人多，所以清早去的。三月的苏堤景色很美，虽然有些下雨下雾，但是烟雨蒙蒙的感觉更是美丽。柳树嫩绿嫩绿的，拍出的照片很美丽。

花港观鱼示意图

❷ 花港观鱼

　　南宋时，有一条流入西湖的小溪叫作花港，当时，内侍官卢允升在花港侧畔建了一座别墅，将其称为"卢园"。园内叠石为山，凿池养鱼，于是游人萃集，雅士题咏，称之为"花港观鱼"，成为"西湖十景"之一。清乾隆帝曾题诗赞道："花家山下流花港，花著鱼身鱼嗫花。"花港观鱼原址旁有其御笔亲书"花港观鱼"四字碑亭。

　　如今的花港观鱼是一座大型公园，全园分为红鱼池、牡丹园、花港、大草坪、密林地五个景区。红鱼池是公园的主景区之一。池内蓄养红鲫鱼和红鲤鱼数千尾。鱼池东南角的竹廊水榭，名曰"濠上乐"是最佳观鱼处。全园游赏的中心区域，就是公园中部偏南处的红鱼池。清风徐来，池岸边的花木轻盈坠落，漂浮在水面上，再加之水中欢快嬉戏的金鳞红鱼，好一幅"花著鱼身鱼嗫花"的动人画卷啊！

　　红鱼池的西边是牡丹园，种植着色泽鲜艳的400多株牡丹。迂回曲折的鹅卵石径，把牡丹园分成了18个形态各异的小区，这种园中之园的格局，达到了"取于自然，高于自然"的境界。参观完牡丹园，前面就是密林区和新花港，属于全园的西部。密林中缓丘起伏，绿树成荫，让人感觉格外静谧。而新花港贯通里西湖和小南湖，使整座花港观鱼公园都环抱在隐隐绿叶中。

> **点赞** 👍 @lalalalala啦啦 我觉得这里很美，各种花竞相开放，一幅生机勃勃的样子。湖里有好多鱼，而且许多游人在喂食，估计这段时间，鱼得胖很多啊，每天被喂得这么撑。这里还有孔雀和鸽子，乍一看还以为是个动物园呢。

西湖三岛

景色迷人的"蓬莱三岛"

@重情重伤 故有"小瀛洲"之称的三潭印月伫立在湖中，独具一格。西湖就像画家笔下的一幅水墨丹青。

@Evan求附体 七夕在杭州西湖还是不错的，搭游船去三潭印月，之后去苏堤、白堤、断桥。

门票和开放时间

门票：三潭印月55元，包括西湖游船和三潭印月登岛票。

开放时间：8:00~18:00。

最佳游览时间

四季皆宜，中秋月夜最佳。

进入景区交通

游船：可在西湖边任何一个码头（分布在湖滨公园、中山公园、花港、岳庙等处）乘西湖游船前往小瀛洲岛。岛上有3个回程登岸的地方，分别去往花港观鱼码头、岳庙、中山公园码头和湖滨公园码头。

景点星级

美丽★★★★★　浪漫★★★★★　人文★★★★　休闲★★★★　特色★★★★　刺激★

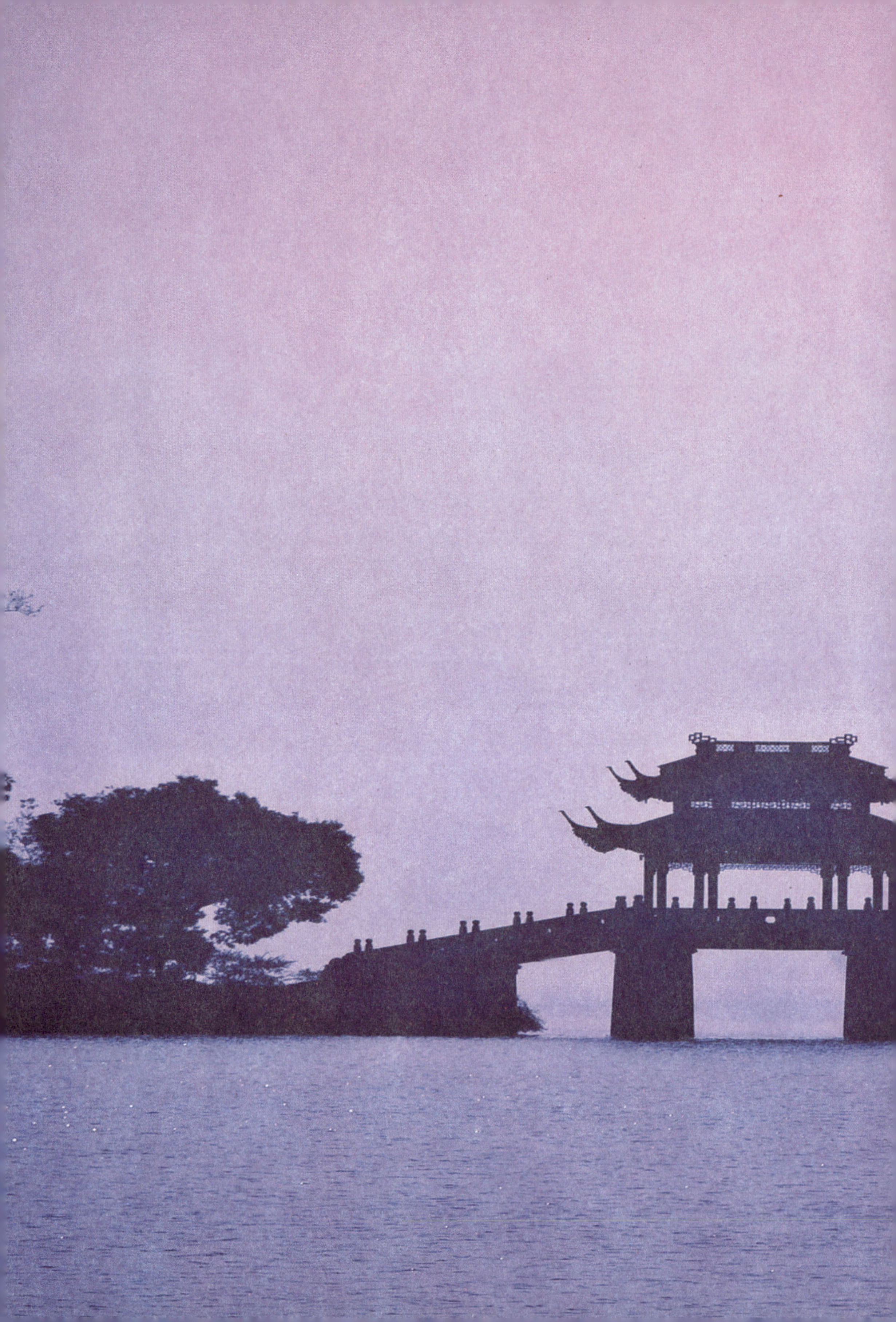

清晨的西湖如同一位羞涩的女子，婉约淡雅。淡紫色的天幕下，远处亭台小桥的剪影被映衬得格外清晰。

西湖中央有三座岛屿，分别为小瀛洲、湖心亭、阮公墩。经过历代修建，如今无论在组景层次、建筑布局，还是在花木配置、水景应用上，均已形成了各自的特色，是中国江南古典园林的杰出代表，是西湖精华之所在，被誉为西湖中三颗璀璨的明珠。

小瀛洲示意图

❶ 小瀛洲

小瀛洲，又名三潭印月，是西湖三岛中最大的一座。全岛连水面在内面积约7公顷，南北有曲桥相通，东西以土堤相连，桥堤呈"十"字形交叉，将岛上水面一分为四，岛上陆地形如一个特大的"田"字，构成了"湖中有岛，岛中有湖"的奇景，三潭印月的景观更是享誉中外。

小瀛洲在北宋时为湖上赏月佳处，其园林建筑和景物布局，在18世纪初已基本形成。小瀛洲具有典型的江南水上园林特色，现主要包括浙江先贤祠、九曲桥、九狮石、开网亭、竹径通幽和我心相印亭等景点。

小贴士

第五套人民币一元纸币背后的风景图案便是三潭印月。只不过这是把"三潭印月""断桥残雪"等景点组合到一幅画面上的合成图景，在实际的西湖是看不到这样的视角的。

点赞 👍 @加加 白天去过，傍晚也去过，只可惜停留时间很短。安静的晚上，有月亮，没有人群的熙熙攘攘，湖中泛舟，更好。从不同的角度观赏，很能理解古人那种赏美景的情怀，也赞叹设计者和建造者的巧妙。

亲子研学

小瀛洲的形成史

小瀛洲的前身是吴越时期的水心保宁寺。明万历三十五年（1607年），钱塘县令聂心汤取湖中葑泥在岛周围筑堤坝，初成湖中湖，作为放生之所。岛南湖中的三座瓶形小石塔，称为"三潭"，这三座石塔的来历可以追溯到北宋苏东坡治杭期间，当时石塔范围之内被划为禁渔区，明代经过重建，自此以后"三潭印月"的美景始名闻天下。清初，岛上又加营建，筑曲桥、堂轩，沿内湖环植木芙蓉。清光绪年间，退休将领彭玉麟在此营造别墅，小瀛洲初具风貌。后经历代能工巧匠的点缀美化，才形成今天的规模。

2 湖心亭

湖心亭岛是西湖三岛中最早营建的岛，"湖心平眺"在清代就被列为"钱塘十八景"之一。在宋、元时曾有湖心寺，后倾圮。明代有知府孙孟建振鹭亭，是湖心亭的前身，张岱曾写过著名的小品文《湖心亭看雪》。1953年，在岛中心重建主体建筑蓬莱宫，外观两层，黄色琉璃屋面，显得堂皇而又庄重。游人来此，看去恰似"蓬莱宫在水中央"。

站在湖心亭处极目四眺，水光潋滟，群山如屏，西湖风光，一览无余。清乾隆帝在亭上题过匾额"静观万类"，以及楹联"波涌湖光远，山催水色深"。岛南又有石碑，题为"虫（异体字）二"，据说也是乾隆御笔，这是将"风月"二字的外边去掉，取"风月无边"之意。

点赞 👍 @朵朵 湖心亭是最贴近西湖的，感觉自己站在西湖中央一样，现在的天气正好适合坐在湖心亭，把脚伸到西湖里面去浸泡一下，玩玩水，很开心，很舒服。

3 阮公墩

阮公墩是清嘉庆五年（1800年）浙江巡抚阮元主持疏浚西湖后，以浚湖淤泥堆积而成的人工岛，故后人称之为阮公墩。又因其泥软地低，常为湖水浸漫，俗呼其为阮滩，成为候鸟栖息地。阮公墩成岛后，树木葱茏，芳草萋萋，远望如碧玉环绕，故得名"阮墩环碧"，为"新西湖十景"之一。

1981年，岛上建环碧山庄，这是一座仿江南私家别墅格局建造的庄园式园林。园内茅屋竹阁，有环碧小筑、云水居等，轻盈灵巧。庭前屋后，植有香樟、枫杨、丹桂、紫薇、秀竹、芭蕉、常春藤等，既求其幽宁，又讲究朴质。岛边近水处有一座忆芸亭，是为了纪念阮芸台（阮元号芸台）而建。

点赞 👍 @乖猪患 阮墩环碧，没有辜负这名字，的确是都郁郁葱葱，鸟语花香！如果阮元在世，也会为之高兴吧。

杨公堤—三台云水

云山苍苍　江水泱泱

微印象

@酒精果冻 天气凉爽的日子，骑车游览苏堤、太子湾公园和三台云水，沿途风光特别迷人，就算逛一个星期也不满足。

@华为孙承 十里琅珰行将晚，六和观潮，钱塘夕阳染。苏堤烟柳笛声浅，一叶扁舟吴音软。杨公回望浴鹄闲，九溪径幽，三台云水间。曲院风摆扶睡莲，湖心风月了无边。

门票和开放时间

门票：免费开放。

开放时间：全天开放。

最佳游览时间

四季皆宜，春夏最佳。

进入景区交通

位置：杨公堤位于西湖西侧西里湖上。

交通：乘坐地铁1号线在龙翔桥站下，再转乘7路等公交在岳坟站下可到。

景点星级

人文★★★★★　　美丽★★★★★　　浪漫★★★★　　休闲★★★★　　特色★★★★　　刺激★

在苏堤西边，有一条与苏堤、白堤并称为"西湖三堤"的杨公堤，北至曲院风荷景区，南至花港观鱼景区，东临西里湖，西沿三台云水景区。

重新修复后的三台山景区集浙江山地和江南水乡风貌于一身，景区内恢复了先贤堂、黄公望故居、黄篾楼水轩、武状元坊、霁虹桥、三台梦迹等故迹。"三台云水"点出了这里景观的多样性和立体化，同时借用了宋代范仲淹《严先生祠堂记》中的名句"云山苍苍，江水泱泱，先生之风，山高水长"，来颂扬明代忠烈于谦的热血千秋，清白一生。

1 杨公堤

杨公堤，俗称杨堤，位于西湖以西，因由杨孟瑛主持开挖而成，故名杨公堤。明弘治十六年（公元1503年）杨孟瑛出任杭州知州，当时西湖淤塞，他实施疏浚，清除侵占西湖水面形成的田荡，并以疏浚产生的淤泥、葑草在西里湖上筑成一条呈南北走向的长堤，堤上建六桥。后人为纪念杨孟瑛，称此堤为"杨公堤"。

杨公堤全长约3.4千米，北起灵隐路，南至虎跑路，堤上由北向南的环碧、流金、卧龙、隐秀、景行、浚源六座石拱桥端庄秀丽，其中隐秀桥、景行桥可供游船通行。

小知识

杨堤六桥与苏堤六桥前后呼应，合称为"西湖十二桥"。

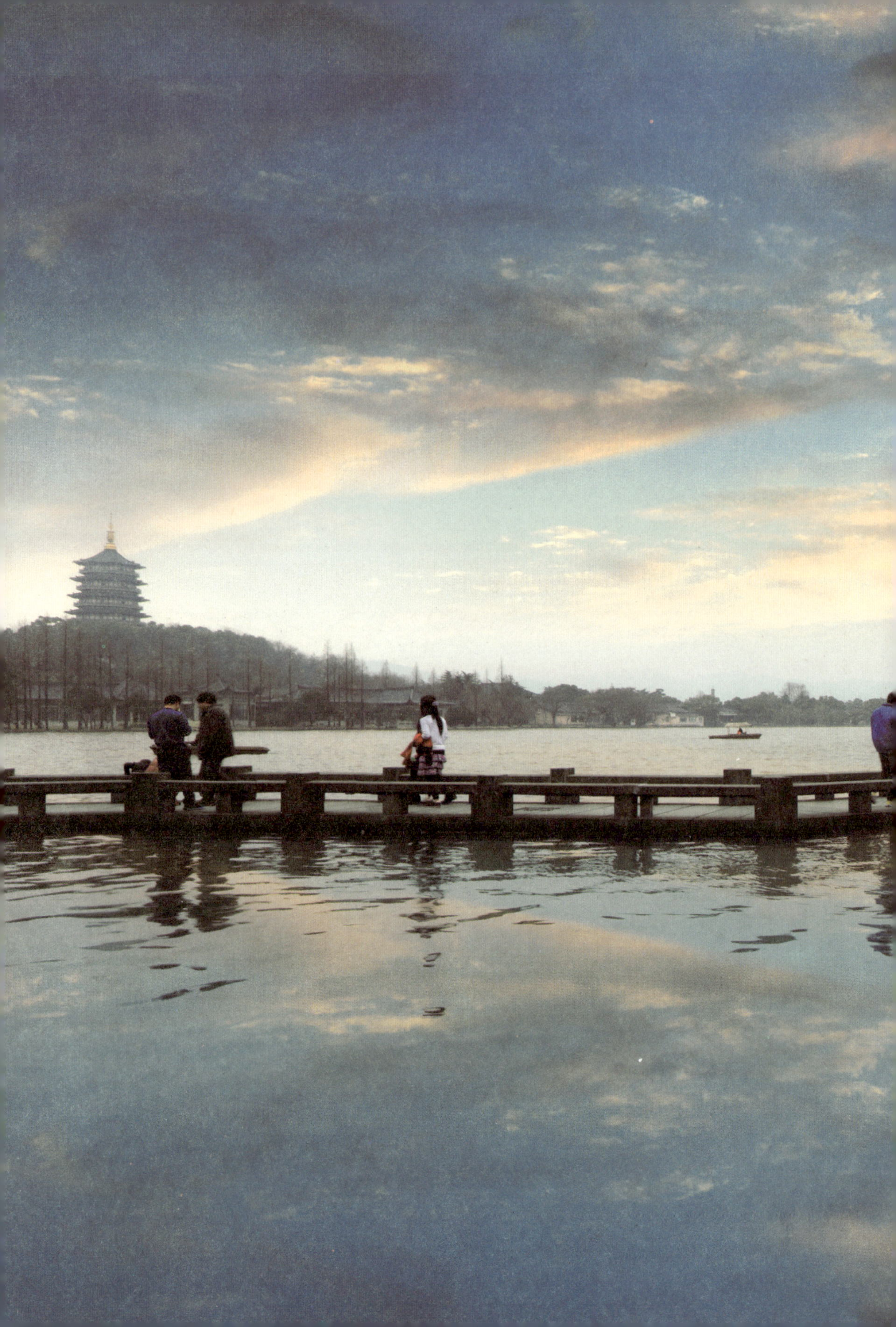

澄澈的西湖是面镜子，映照出湛蓝的天空和彩色的云彩。
三三两两的游人漫步在桥上，看风景的同时也步入了画中。

❷ 郭庄

郭庄位于杭州西湖西山路卧龙桥北堍，被誉为"西湖古典园林之冠"，是杭州现存唯一完整的私家花园。园濒湖构台榭，有船坞，以水池为中心，曲水与西湖相通，旁垒湖石假山，玲珑剔透。庄内"景苏阁"正对苏堤，可观外湖景色。

郭庄分为"静必居"和"镜开天"两部分，中间以"两宜轩"相隔，前者为居家会客之所，后者是散步赏玩之地。主人引西湖水入园，园中有湖，名为苏池，池形如镜，一镜开天。曲廊环绕于水，叠石临照于水，花木簇拥于水，水上小桥勾连，水上绿莲静波。水木清华，楼台金碧，牖藏春水，帘卷画图，于是就出现了"香雪分春""乘风邀月""赏心悦目""景苏阁""如沐春风"等景点。

❸ 刘庄

刘庄位于西湖丁家山畔，又名水竹居，号称西湖第一名园，现已改为西湖国宾馆。刘庄原主人为刘学询，广东香山人，清光绪年间举人，后中进士。中举后的次年，他上北京去参加会试，归途中经过杭州，游玩西湖后，赞叹"故乡无此好湖山"。18年后，他在丁家山麓营造了一座岭南风格的私家庭园，称水竹居，并将原家中的雕刻花窗及精美家具如数运来，装点家院，使这座依山面湖的庄园，更加清幽雅致。

新中国成立后，毛泽东主席常来刘庄居住。这里曾发生过两件震惊中外的大事：第一件，第一部《中华人民共和国宪法》在此起草；第二件，《中美联合公报》在此签署。现庄内还辟有毛泽东读书处。

❹ 于谦祠

于谦祠又称为于谦墓。于谦是明代的爱国英雄，因宫变以"谋逆罪"被杀，葬于三台山，他和岳飞、张煌言并称"西湖三雄"。明朝弘治二年（1489年），于谦冤案得以平反，孝宗皇帝表彰其为国效忠的功绩，赐谥"肃愍"，并在墓旁建祠纪念，取名"旌功祠"。500多年来，于谦祠屡毁屡建，现存建筑为清同治八年（1869年）重建的旧迹。

于谦祠为传统的祠堂建筑，白墙灰瓦，朱漆大门，是杭州市第五批爱国主义教育基地，经过几年的规划与建设，已形成了包括于谦祠、于谦墓、墓道、牌坊等文物建筑与自然山林相结合的于谦祠景区。

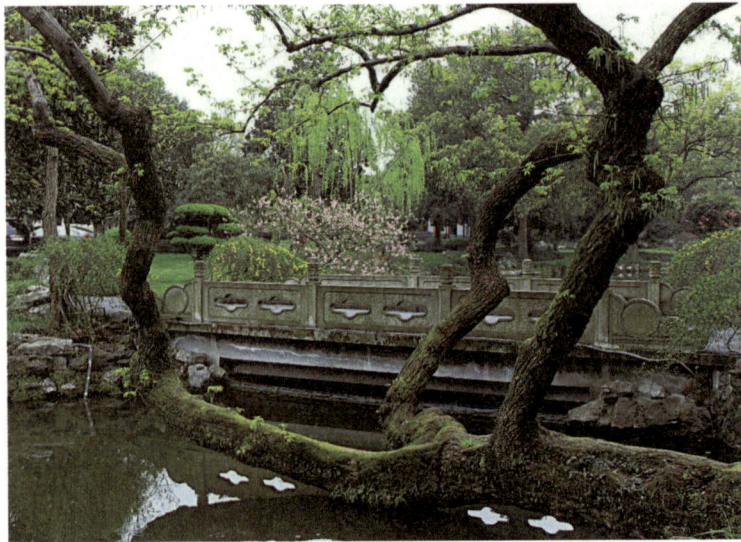

点赞 👍 @疙瘩囡 他就静静地躺在西湖边，没有相邻几处的人头攒动，略显冷清，也许这样才更符合他的性格。偶然来到，慢慢走，慢慢看，体会着千锤万凿，体会着人间少有的那份清白……

⑤ 浴鹄湾

浴鹄湾位于三台山路和虎跑路的交叉口附近。浴鹄湾古时即有，为赤山水曲。

旧时，湾内春水晴云，风光殊佳，经常可以听到渔樵唱答，一派悠闲景象。古人有诗赞曰："浴鹄湾头春水，呼猿洞口晴云。渔歌款款互答，樵唱悠悠独闻。"黄公望、张雨等文人画家均在此留下了踪迹。2003年，浴鹄湾重建了黄篾楼水轩、子久草堂、武状元坊、霁虹桥、三台梦迹、玉岑诗社等故迹，充实了湖西的文化内涵。

> 👍 **@陈坑爹** 浴鹄湾虽是旅游的黄金地段，却是一个闹中取静的地方。在丛林中，你可以一边听到虎跑路上车辆的喧闹声，一边享受丛林深处的那份安详。

⑥ 三台梦迹

三台梦迹位于三台山路南侧，总面积约9万平方米，由三贤堂、灵泉仙馆、天香法雨、雪舫、城市友谊林、舒云亭等景点组成。整体建筑具有浙江山地民居和江南水乡民居的特点。景区着重展现了西湖湖西水系和湿地生态的历史风貌，游人至此，可观赏林缘野卉，芦荻围岸，别有一番野趣。

三贤堂亦称先贤堂。为纪念白居易、林和靖、苏轼三位西湖先贤，临安府尹袁韶于南宋宝庆二年（1226年）建立三贤堂，元初堂废。2021年，杭州市在原址附近重建三贤堂。堂前大石块上"三贤堂"三字，取自宋末元初著名书法家赵孟頫的墨宝。

> 👍 **@马家庄的马吃货** 这个地儿很多杭州本地人都不知道，我也是拿着地图走了不下十次在西湖周边才无意逛到这里的，和毛家埠一样虽然挨着西湖却被道路隔开了，乍一看有点像武侠小说里世外高人隐居的地方。

太子湾公园

杭州最早的婚庆公园

微印象

@觅渡1008 太子湾公园是个挺幽静的公园，人不多，景色优美，居然还有个小瀑布。

@温州胡教练 每年的3~4月，公园内郁金香、桃花齐开放，满园盛开绚丽多彩的郁金香，数十万株鲜花使这里成了花的世界，整个公园都渲染着斑斓的色彩。一片绿色的草地，满地的郁金香，仿佛置身于童话世界之中……

门票和开放时间

门票：免费开放。

开放时间：全天开放。

最佳旅游时间

四季皆宜，春季最佳。春天时园内盛开绚丽多彩的郁金香、洋水仙、樱花，每年的3月20日至4月10日是最佳赏花时节。

进入景区交通

位置：杭州市西湖区南山路。

交通：可乘4路公交、52H线在苏堤站下可到。

景点星级

人文★★★★　美丽★★★★　浪漫★★★　休闲★★★　特色★★★　刺激★

太子湾公园地处南山路，背倚南屏山，是杭州最早的婚庆公园。相传此地曾是南宋庄文、景献两位太子的埋骨之所，故有太子湾之称。

园中以西湖引水工程的一条明渠作为主线，积水成潭，截流成瀑，环水成洲，跨水筑桥，形成了诸如琵琶洲、翡翠园、大风车、天缘台、绿芸岗等空间开合收放相宜、清新可人的景点。园内有数千株樱树，三月中旬盛开，灿若云霞，美不胜收。美丽的环境适宜举办西式婚礼，有"忠心不渝""比翼齐飞"等项目，温馨浪漫。

点赞 👍 @旅行美食自我 太子湾公园是杭州最美丽的公园之一。无论是集体出游还是情侣约会，这里都是非常不错的选择。春日的太子湾，樱花虽然短暂，但是成片的樱花林就像花海，用最浪漫和最唯美的方式，诠释着短暂而优雅、易逝但令人怀念的忧伤。这种感觉是太子湾以外的地方都寻觅不到的，也是它最独特最唯美的所在。

❶ 望山坪

　　望山坪系一大草坪，坪面宽广，视野开阔，既可眺翠微山色，又可在草地上或卧憩，或嬉戏。大草坪南端有一处用浅红、灰黑二色磨面石块拼砌而成的太极圆形铺装，其直径约10米，游人到此，晨可练拳习舞，夜可歌咏欢娱。

❷ 翡翠园

　　琵琶洲高高隆起，翡翠园参差毗接。其间丘坡上遍植玉兰、含笑、樱花等观赏花木，下层衬以绣球，火棘及宿根花卉，花影照眼，馨香沁人。水道两岸多呈自然式缓坡延伸入水状，随意点缀些许或高或低、或断或续的石矶，野趣盎然。翡翠园中的融春亭是全公园的中心建筑，也是游客必到的打卡点。

雷峰夕照—南屏晚钟

保俶如美人　雷峰如老衲

微印象

@平安半山 美国有线电视新闻网评出全球最值得推荐的11个日落观赏点，"西湖十景"之一的雷峰夕照位列其中。就像申遗里所说，看雷峰夕照，最美是长桥！摄影爱好圈也流传着这么一个说法：拍朝阳到西泠桥，拍夕照到长桥！

@倾心月痕 思念，是深深丛林中飘来的南屏晚钟，是不敢说出你名字的烦忧。

门票和开放时间

门票：雷峰塔40元，净慈寺10元。

开放时间：雷峰塔8:00~17:00，净慈寺6:30~17:00（农历初一和十五提前半小时开门）。

最佳旅游时间

游览四季皆宜，不过选择傍晚观景最佳。

进入景区交通

位置：雷峰塔景区位于西湖南侧，南屏山在其之南。

交通：乘坐315路公交或旅游2号线可到。

景点星级

美丽★★★★★　　浪漫★★★★★　　人文★★★★★　　休闲★★★★★　　特色★★★★　　刺激★

雷峰夕照与南屏晚钟同为西湖十景之一。在夕照山上的雷峰塔观看西湖全景，以从南往北为主，兼可东西两看。由于距离适度，因而可以相当真切地看；又由于看的角度随个人喜好，所处的境界自然宏大。堪称"一景看九景，九景看一景"。

南屏晚钟指的是南屏山净慈寺傍晚的钟声，钟声直达对岸的宝石山，碰上葛岭，回波迭起在天地间混合，悠远清扬，经久不息。

① 雷峰塔

雷峰塔位于南山路北夕照山上，初建于五代（975年），是吴越国王钱弘俶为庆祝黄妃得子而建，初名黄妃塔。因建在当时的西关外，故又称为西关砖塔。原拟建十三层，后因财力所限，只造了五层。明代嘉靖时，倭寇入侵被毁。清代重建的塔又于1924年倒塌。

如今的雷峰塔于2000年重建。雷峰新塔由清华大学建筑学院设计，建造在雷峰塔原址上。新塔五面八层，依山临湖，蔚然大观。每当夕阳西下，晚霞仿佛镀在塔身，如佛光普照，美其名曰"雷峰夕照"。有梅妻鹤子之称的著名诗人林和靖有诗云："夕照全村见，秋涛隔岸闻。"

点赞 👍 @sineliangyao 听过美丽的传说，看过名家的文字介绍，对雷峰塔印象已经很深刻了，见到雷峰塔时又是另一番情景，雷峰塔的重建基本还原了原貌，多了一些参观环节的设置，让我们对雷峰塔有了从里到外、由外而里的了解。

故事　雷峰塔与《白蛇传》

相传，千年修为的蛇妖白素贞为了报答书生许仙，以身相许。婚后，金山寺法海和尚告诉许仙白素贞是蛇妖，让白素贞喝下带有雄黄的酒，现出原形，却吓死了许仙。

白素贞为救许仙，上天庭盗取仙草灵芝。之后，法海将许仙软禁于金山寺，白素贞和妹妹青蛇一起斗法，水漫金山寺，因此触犯天条。白素贞生下孩子后被法海收入钵内，镇压于雷峰塔下。后来，白素贞的儿子长大考中状元，到塔前祭母，文曲星驾临感动神灵，宝塔坍塌，全家终于团聚。

延伸 | 雷峰塔倒

1924年9月25日下午，雷峰塔忽然倒塌。民间对此有两种说法：一种是因江浙香客烧香挖取塔基的青砖，带回家驱怪辟邪，日久天长致使雷峰塔塔基松动；另一种是因为杭州百姓养蚕居多，蚕宝宝经常被蛇吃掉，人们认为雷峰塔镇压白蛇，其砖能够镇住蛇，所以纷纷去塔上拆砖。

同年，鲁迅先生创作《论雷峰塔的倒掉》檄文，将雷峰塔倒掉的社会新闻与《白蛇传》的民间故事巧妙地结合起来，赞扬了白娘娘为争取自由和幸福而决战到底的反抗精神，揭露了封建统治阶级镇压人民的残酷本质。

雷峰夕照示意图

藕香居

汇文轩
博物馆

出口
入口

出口

御碑

净慈寺

南山路

妙音台

夕照亭

商场

票务服务

放生池

状元台

出口
入口

入口

自动扶梯

雷峰塔

1

3

亲缘阁

2

塔天茶室

南屏山

出口
入口

自行车
停放处

管理处

② 南屏山

南屏山是九曜山的分支，绵延横陈于西湖南岸，山高不过百米，山体延伸却长达千余米。因地处杭城之南，有石壁如屏障，故名南屏山。

南屏山山峰耸秀，怪石玲珑，棱壁横坡，宛若屏障。晴好日，满山岚翠在蓝天白云的衬托下秀色可餐；遇雨雾天，云烟遮遮掩掩，山峦好像翩然起舞，缥缈空灵，若即若离。山体多峭壁、空穴，石景颇多，尤以北麓"南屏晚钟"之景称胜西湖之上。旧时山麓多佛寺，又被称为佛国山，山上有多处古代摩崖题刻和佛教古迹留存至今。

> **点赞** 👍 @中途陌路 这里的环境很好，附近的老奶奶们经常来这里锻炼身体，这里是老年人聚集地，唱歌的、跳舞的、练剑的、练太极拳的比比皆是。

③ 净慈寺

净慈寺，是杭州西湖历史上的四大古刹之一。

净慈寺在南屏山慧日峰下，是954年五代吴越国钱弘俶为高僧永明禅师而建，原名永明禅院；南宋时建造了五百罗汉堂，后来寺屡毁屡建。现在的寺宇、山门、钟楼、后殿、运木古井和济公殿，都是20世纪80年代重建的。其中大雄宝殿单层重檐，黄色琉璃瓦脊，更显庄严宏伟。特别是一口重达2万多斤的铜钟，铸有赵朴初等人书

小贴士

济公和尚便是圆寂在净慈寺，寺内设有济公殿。

写的《妙法莲花经》，计6.8万字。每日黄昏，悠扬的钟声在暮色苍茫的西湖上飘荡，激起人们的无限遐思。

点赞 👍 @BambooSnow 净慈寺门前有一石碑，正反面同书"南屏晚钟"四字，与其他的西湖老十景的石碑一样，应该是出自康熙皇帝之手，康熙、乾隆爷孙二位对西湖的关照和眷恋真是不一般啊。能作为西湖老十景之一，自有其妙处，虽然时代抹杀了些许的韵味，但还是值得敬仰。

链接 南屏晚钟的变迁

明洪武十一年（1378年），寺院住持夷简重建钟楼时，觉得旧钟太小了，就化缘积铜2万多斤，重铸大钟。南屏山峰岩屏障，山体多穴，每当佛寺晚钟敲响，108声深沉、浑厚的钟声在苍烟暮霭的山谷中回鸣，经过开阔的湖面，声播彼岸十里之遥。可惜在清朝末年，铜钟在战乱中消失，钟声沉寂。直到1984年10月，重铸铜钟。1986年，净慈寺举行了隆重的大梵钟落成法会，绝响百年的南屏晚钟重新鸣起。

柳浪闻莺风光带

黄鹂鸣啼的柳树公园

微印象

@勤奋菲菲雨 心烦时，你可以到柳浪闻莺的河边去垂钓，邀上两三个友人去看云舒云卷。

@喵不可言 柳树沿湖成行，低垂的柳丝在清风中飘扬，如翠浪翻空，柳林中莺啼婉转，充满了自然的勃勃生机。

门票和开放时间
门票：免费开放。
开放时间：7:30~17:30。

最佳旅游时间
四季皆宜，春季最佳。

进入景区交通
位置：西湖东南岸。
交通：市区乘坐31、42路公交在清波门站下可到。

景点星级
美丽★★★★★　　浪漫★★★★　　人文★★★★★　　休闲★★★★　　特色★★★★　　刺激★

柳浪闻莺风光带主要指西湖东南岸一带，主要有钱王祠、西湖博物馆、柳浪闻莺公园等。

1 柳浪闻莺公园

公园分友谊、闻莺、聚景、南园四个景区。园内柳丛衬托着紫楠、雪松、广玉兰、梅花等异木名花，其间黄莺飞舞，竞相啼鸣，故有"柳浪闻莺"之称，位列于"西湖十景"之五。

该园在南宋时为帝王御花园，称聚景园，清代恢复柳浪闻莺旧景。如今的柳浪闻莺公园占地约21公顷，园林布局开朗、清新、雅丽、朴实。这里是欣赏西子浓妆淡抹的观景佳地，临水眺望，视野开阔，空气清新，令人心旷神怡。

点赞 👍 @juliaycl 早上的西湖雾气蒙蒙，公园里有好多老人在晨练。这是个休闲的公园，从这儿可以坐电瓶车沿西湖转一圈，也可以到下个景点下车。建议大家环湖的话不要租自行车，因为有些景点自行车是不能进的。

2 西湖博物馆

西湖博物馆是杭州迄今为止建设的唯一一座被称为"西湖窗口"的博物馆，也是中国第一座湖泊类专题博物馆。2020年12月被评定为国家一级博物馆。

西湖博物馆的设计体现了对西湖的最小干预原则，四分之三隐于地下，大面积采用钢架玻璃结构，利于采光，整座建筑简洁，富有动势，有强烈的时代气息。博物馆的陈列采用了多种科技手段，主要涵括了序厅、天开画图、浚治之功、钟灵毓秀、西湖题名景观、西湖文化史迹、儿童展厅七大篇章，系统地展示了西湖的全貌。

点赞 👍 @紫色玄冰 西湖博物馆不需要买门票，里面的展品还是不错的。看到很多介绍杭州西湖的信息，有四季杭州，有历史杭州，有杭州的一些矿石及当地的介绍，还有一个西湖的缩略版小模型。最上面还有展出小朋友的画，有些画真的很有意思。

柳浪闻莺

❸ 钱王祠

　　钱王祠的前身是表彰五代吴越国王钱镠的表忠观，始建于北宋熙宁十年（1077年），清代以后称钱王祠，康熙、乾隆二帝在此留有"保障江山"和"忠顺遗麻"等御题，如今的钱王祠为2003年重建，这里的主要景点有五王殿、古戏台、铜献殿、功臣堂。

　　祠内有苏东坡所写的《表忠观碑记》，乃中国书法史上名碑，叙述了吴越国三代钱王在五代时期，消弭兵戈，安居人民，最终纳土归宋的事迹。"钱祠表忠"既写出了杭州百姓对于钱王功德的永世不忘，更表现出西湖深厚的历史文化底蕴。

> **点赞** 👍 @沫沫 在西湖柳浪闻莺边上，高高的红墙，古香古色的建筑，来来往往的游人，感觉很古典，很大气。春天的时候，边上的柳树吐了新绿，更加有感觉，新旧交织，让人陶醉其中。

延伸　西湖沿岸最美的十条山道

　　1.烟雾蒙蒙法云弄；2.云栖竹径最清凉；3.九溪烟树连山水；4.栖霞岭上好避暑；5.琅珰岭上览山水；6.韬光幽径听溪声；7.麦岭古道通南北；8.慈云遗风显神韵；9.梅灵古道见灵山；10.九里云松达天竺。

灵隐禅宗
满陇桂雨
龙井问茶
虎跑梦泉
六和听涛
西溪
之江度假区

杭州深度游
Follow Me
★ ★ ★ ★
慢旅行的倡导者

西湖周边示意图

灵隐禅宗
咫尺西天的佛家净土

微印象

@猫三爷 林木葱茏，梵音绕耳，这里是我见过的最庄严的佛家净土了。

@风吹蛋打 去灵隐寺不适合跟着旅行社，限制太多。第二次只身来这里，才知道这里还有如此多的景色我没见过。

门票和开放时间
门票：灵隐寺30元，飞来峰45元（入灵隐寺须先购飞来峰门票）。

开放时间：7:00~18:15。

最佳旅游时间
四季皆可，夏季尤佳，灵隐寺依山藏林，为一处避暑佳所，可入寺品甘甜的僧茶。

进入景区交通
位置：西湖区灵隐路法云弄1号。

交通：乘坐7、807路公交车至灵隐站下。

景点星级
人文★★★★★　美丽★★★★★　特色★★★★　休闲★★★★★　浪漫★★　刺激★

灵隐寺是中国佛教古寺，又名云林寺，它背靠北高峰，面朝飞来峰，两峰挟峙，林木耸秀，深山古寺，云烟万状。灵隐寺始建于东晋咸和元年（326年），至今已有约1700年的历史，为杭州最早的名刹。宋宁宗嘉定年间被誉为"江南禅宗五山"之一。清顺治年间，大兴土木，古风重振，其规模之宏伟跃居"东南之冠"。

灵隐寺占地约87000平方米，其布局与江南寺院的格局相仿，殿宇恢宏，建构有序，中路有天王殿、大雄宝殿、药师殿、直指堂（法堂）、华严殿五进大殿。两侧有五百罗汉堂、济公殿、大悲楼、方丈楼等建筑。

小知识

江南禅宗五山：余杭径山寺、杭州灵隐寺、杭州净慈寺、宁波天童寺、宁波阿育王寺。

链接　灵隐名由

东晋咸和初年，有位僧人，法号惠理。他云游入浙，至武林（今杭州），见有一峰而叹曰："此乃中天竺国灵鹫山一小岭，不知何代飞来？佛在世日，多为仙灵所隐。"遂于峰前建寺，名曰"灵隐"。

① 冷泉亭

从灵隐东大门进入景区，经过刻有"咫尺西天"的照壁之后，有一座建在溪流之上的亭子，便是冷泉亭。

亭双层方形，黛瓦丹柱，由16根圆柱撑起瓦顶。清代文人江亢文有两句咏亭的诗："莫道炎威可炙手，云林尚有冷泉亭。"原亭早已不在，现在看到的亭是清代人仿原物格调重修的。白居易的《冷泉亭记》中说到的冷泉亭建在水塘中央。

灵隐寺示意图

华严殿　④

五百罗汉堂

⑤

③

天王殿　②

大雄宝殿

冷泉亭　①

攻略

"咫尺西天"（照壁）的旁边，便是杭菜"龙井虾仁"的发源地——天外天菜馆。这是一家独特的名菜馆，涧水在楼前潺潺流过，古刹钟声隐约可闻，在此品尝佳肴，别有一番滋味。特色菜有龙井虾仁、桂花鲜栗羹、鸡翅彩卷、蟹兜海参、双雀迎等。

❷ 天王殿

天王殿，长约24米，宽约15米，殿屋重檐下悬挂着两块牌匾。一块"灵鹫飞来"，是由近代著名佛家居士、书法家黄元秀所题；另一块"云林禅寺"却是清康熙帝误写。

正门的楹联写着"峰峦或再有飞来坐山门老等，泉水已渐生暖意放笑脸相迎"，说的便是其中供奉的大肚弥勒。弥勒在天王殿这个位置，按佛门之意是给世人一个"当念即可入""皆大欢喜"的意思。殿两侧立有四大天王彩塑像，分别象征"风调雨顺"。

弥勒佛背面，供有手持降魔杵的护法神将韦陀菩萨，像高约2.5米，为南宋初期用整段香樟木雕刻而成，是灵隐寺中现存最古老的一尊佛像，工艺精湛。

👪 亲子研学

康熙的笔误

传说康熙六下江南，四到灵隐。有一次，住持请皇上题一块匾额，康熙乘着酒兴，把繁体字灵隐的"靈"雨字头写得过大，下部首的字，再也写不下了，在身旁的大学士会意下写下了"云林禅寺"。于是住持纳闷不解了。康熙皇帝辩解道：灵隐寺身在山坳里，前有山必有林，上有天必有云，此乃写风景之幽雅；再看看寺院里烧香人之多，就像树林那样密不可数，香的烟雾环绕在寺院的上方就像云彩一样，此乃写寺院规模之大，岂不更合意。这一说令住持也无话可讲，只得高高地悬挂着。

❸ 大雄宝殿

灵隐寺的大雄宝殿是座单层重檐三叠的歇山顶建筑，长约24米，高约33.6米，仅比天安门城楼低0.1米，其规模之大，在国内佛教寺院中也属罕见。大殿上方悬挂的"妙庄严域"是近代著名书法家张宗祥所写，"大雄宝殿"四个字是已故书法家、西泠印社社长沙孟海于1987年第二次重书的。

大殿正中供奉佛祖释迦牟尼像。这尊佛像是1953年重修灵隐寺时，由中央美术学院华东分院邓白教授以唐代禅宗著名雕塑为蓝本构思设计，周恩来总理亲自审定，华东分院雕塑系教师和东阳木雕厂民间艺人用24块香樟木雕成的。佛像上悬宝盖，彩花垂旒，通高24.8米，佛身净高19.6米，佛耳便有1.3米长，且全身贴金。它是我国最大的香樟木雕坐像。

殿内两厢站立佛教的护法神二十诸天。殿后趺坐的是十二圆觉，大雄宝殿有十二圆觉这样的布局，在全国来说也是极其罕见的。殿后壁，是以"童子拜观音"为主体的五十三参海岛立体彩色群塑。

灵隐寺

链接 **十二圆觉**

十二圆觉是佛教密宗崇奉的著名菩萨群体。它们依次是文殊菩萨、普贤菩萨、普眼菩萨（观音菩萨）、金刚藏菩萨、弥勒菩萨、清净慧菩萨、威德自在菩萨、辨音菩萨、净诸业障菩萨、普觉菩萨、圆觉菩萨、贤善首菩萨。

攻略

灵隐寺每年会举行多次法会，如清明上供法会、冬至祈福法会及盂兰盆法会等，可供香客游人祈福。

每年，充满禅意的云林茶会在灵隐寺大雄宝殿前举行，香炉青烟缭绕，烛光遍布四周。由众僧人组成的茶主人和来宾平心静气而坐，茶座上准备着"法净禅茶"、"武夷岩茶"和"普洱茶"，并燃起柱柱清香。

④ 华严殿

华严殿是灵隐寺的最后一重殿，供奉着"华严三圣"，中间手结毗卢印的是毗卢遮那佛，左边手持莲花的是大智文殊师利菩萨，右边手持如意的是大行普贤菩萨。三尊佛像仅用一根珍贵巨大的楠木雕刻而成，高达13米，雕工精致，线条优美，为了和楠木本色相协调，只用金箔勾画了一些细细的花边，给人以庄严肃穆之感。

⑤ 五百罗汉堂

五百罗汉是佛陀身边五百位常随弟子。灵隐寺五百罗汉堂自明代就有，后废。清初重建罗汉殿影响甚大，名播海内外。现在的罗汉堂建于20世纪90年代末，总面积约为3116平方米，中央高度约为25米，其平面呈"卍"字形，"卍"字为佛祖的三十二相之一，以示万法唯心、万德圆融、万缘俱息之意。它是国内规模最大的罗汉堂。

罗汉堂内供奉的500尊青铜罗汉像，每尊高约1.7米，底座宽约1.3米，重约1吨，其形象各异，表情丰富，千姿百态，栩栩如生。罗汉堂中央是一座佛教四大名山铜殿，高约12.62米，曾获世界吉尼斯最高铜殿纪录。铜殿四面分别供奉五台山文殊菩萨、峨眉山普贤菩萨、普陀山观音菩萨、九华山地藏王菩萨。

链接

有游客认为，在罗汉堂里依自己的年龄，按顺序可以找到自己的前身是哪位罗汉。虽说算不得数，但仍有很多游客乐此不疲地寻找自己所对应的罗汉真身。

⑥ 道济禅师殿

道济禅师殿也称济公殿，是1991年以后建成的。殿宇巍然，气魄雄伟，在建筑风格上也与原有的天王殿、大雄宝殿保持一致，新老建筑浑然一体。

殿内供奉着家喻户晓的济公，关于他的传说在民间流传过很多版本，他在灵隐寺出家，后来到净慈寺做书记僧，最后圆寂在虎跑寺。因灵隐寺是他出家和被长老点醒灵性的地方，所以在此有他的一个佛位。

> **点赞** 👍 @小白菜 大殿内部的建筑结构均采用钢筋混凝土等现代建筑材料建造而成，带有明显的现代气息。虽然采用钢筋混凝土材料使得建筑坚固性和防火能力毋庸置疑，但是不免使殿宇失去陈香古韵。

⑦ 飞来峰

飞来峰又名灵鹫峰，是石灰岩峰岩，易受水蚀和风化，长年累月就形成众多形状迥异的岩洞，造成如今"无石不奇、无水不清、无洞不幽、无树不古"的奇观。最南端的青林洞中有石床、手掌印，传说石床为"济公床"，后掌印为"济公手掌印"，此外，还有玉乳洞、龙弘洞、射旭洞等。

在飞来峰麓的天然岩洞里和崖壁上，长约600米、宽约200米的区域内，刻有五代、宋、元时期的石刻造像470余尊，现保存较为完整的就有338尊，是浙江省内最大的一处摩崖造像群。其中最著

名的为雕琢于五代后周广顺元年（951年）的石刻造像"西方三圣"，以及创作于北宋乾兴元年的"卢舍那佛会"浮雕。

点赞

👍 @米米peggy 飞来峰是个很有趣的地方，需要有双智慧的眼睛去发现很多自然奇景，很多佛像都藏在石山上，可能很多人走过路过，你却在不经意中找到了它，我想这就和人生一样，每个人看到的和发现的都不同，所以每个人的人生都不同。

故事　飞来峰的传说

相传飞来峰下原有一村庄，有一日济公算出四川峨眉山有一座小峰将要飞来，可能会压着该村。他急忙去劝说村民搬家，可是济公疯疯癫癫的模样怎有人相信。这时，远处来了一支送亲队伍，济公心生一计，便冲进人群背起新娘就朝村外跑，这下村民轰动了，一边喊着"和尚抢新娘了"，一边追出村外。此时，只听"轰"的一声，一座黑压压的山峰，正好压在村子上，这座山峰便被人们唤作"飞来峰"。山峰飞来了，村民又恐山峰再次飞走，于是在山上刻了数百尊佛像来镇住此山。从此，飞来峰就再也飞不走了。

链接　天竺三寺

从灵隐到天门山，周围数十里，统称为天竺山。从灵隐"咫尺西天"照壁沿天竺溪而上，依次为下天竺（法镜寺）、中天竺（法净寺）、上天竺（法喜寺）。天竺三寺是除普陀山观音海上道场之外的陆地唯一观音道场。

天竺三寺中历史最久的是下天竺法镜寺，为灵隐寺开山祖师慧理和尚于330年所建，而规模最大的莫过于上天竺——法喜寺，也是三寺中建立时间最晚的一座。岁月变迁，天竺三寺逐渐没落，以至于大多游人只知灵隐，不知天竺。天竺三寺游客相对稀少，访者大多是虔诚的香客，也有很多人慕名而来在此短居禅修。正因为如此，这里始终展现出来的是一片清净祥和，远离尘嚣。

满陇桂雨

山寺月中寻桂子

微印象

@贝贝凌 我去满陇的时候，正是桂花飘香最佳期，在桂雨中品上一杯甘香而不冽的龙井茶，在这好时间好地点喝着好茶，是如此享受。这条路老桂树成片，不是桂雨飘香时，也是很值得去体验一番的。

@坏蛋~ 一阵阵 "桂花雨" 跌落到西湖龙井茶里，茶香添了桂花香，这种事让我碰上了，很开心。我喜欢杭州，喜欢满陇桂雨。

门票和开放时间

门票：15元（包括满陇桂雨公园和少儿公园）。

开放时间：8:30~16:30。

最佳旅游时间

以秋季最佳，等到枫叶红遍、桂花飘香的时候，才能真正领略到满陇桂雨的绮丽。

进入景区交通

位置：杭州虎跑路61号。

交通：乘315、197路公交在动物园站下，步行可到。

景点星级

休闲★★★★　　浪漫★★★★　　特色★★★　　美丽★★★　　人文★★　　刺激★

每到金秋时节，杭州有一处地方桂花开的最盛，香飘十里，沁人心脾，空气中的香甜仿佛化不开，这便是"满陇桂雨"，新西湖十景之一。在杭州所有景点当中，满陇桂雨是一个比较特殊的存在，这里既不以山水见长，也不以人文出彩，而是以花香迷人。

1 满觉陇

满觉陇又称满陇，位于西湖以南南高峰与白鹤峰夹峙下的自然村落中，是一条山谷。五代后晋天福四年（939年）建有圆兴院，北宋治平二年（1065年）改为满觉院，满觉意为"圆满的觉悟"，地因寺而得名，寺院今已废。

满觉陇自唐代起就遍植桂花，沿途山道边植有7千多株桂花，有金桂、银桂、丹桂、四季桂等品种。每当金秋季节，珠英琼树，百花争艳，香飘数里，沁人肺腑。如逢露水重，往往随风洒落，密如雨珠，人行桂树丛中，沐"雨"披香，别有一番意趣，故被称为"满陇桂雨"。

小贴士

杭城有绝艳三雪：西溪的芦花，名之秋雪；灵峰的梅花，名之香雪；满觉陇的桂花，名之金雪。桂花是杭州的市花。桂树属于木犀科木犀属，为常绿灌木或小乔木，为温带树种，又名"月桂""木犀"，俗称"桂花树"。

攻略

杭州人爱把满觉陇称作桂花厅，其实桂花厅位于石屋洞旁，是满陇桂雨景观的一处主要建筑，入内小憩可品尝桂花茶、桂花糖、桂花藕粉等杭州名点，给游人倍添赏桂佳趣。

点赞 @yao妖精 被称为新西湖十景之一的"满陇桂雨"指的就是此处！秋天赏桂花的最佳去处就是这里！坐车到动物园站下车就可以！闲来无事，来这里走走，看看满目的绿色也是很惬意的选择！

❷ 杭州少年儿童公园

　　儿童公园占地约14万平方米，是在原有的满陇公园的基础上建立，引泉成瀑，密桂成林，萦溪静流，一派自然生态，是一个集休闲、娱乐为一体的儿童新概念主题公园。

　　公园设置了大、中、小型玩具设施50多项，还有两项大型游乐项目"海底世界"和"水上世界"，是目前全国最大的少儿公园之一。此外，这里还有环幕4D影院，具有强烈的现场感和真实感，让人仿佛置身于梦幻般的世界。公园中的大型动画影院是一个多布景且多屏幕组合的特种影院，能让立体画面与实景相互穿插。

> **点赞** 👍 **@刀剑如梦** 由于是少年儿童公园，院内有很多游乐设施，周末和节假日会有很多家长带着孩子来游玩。公园内宽阔的上山台阶两旁有以十二星座为主题雕刻的大型石柱，而且公园里还有一个以"姻缘"为主题的小园，来这里拍摄婚纱照和举行结婚典礼的新人很多。

❸ 杭州动物园

　　杭州动物园是中国七大动物园之一。动物园位于杭州西湖之南，大慈山的白鹤峰下，园区占地20公顷，是一座集野生动物保护、科研、科普、教育和游览于一体的山林式动物园。

　　杭州动物园按照动物生态习性，布局构筑巧妙。猴山，花果山水帘洞般；虎山，悬崖削壁，犹如深山虎穴；熊猫馆，别墅式小花园；爬虫馆，山林峡谷，高低错落；鸣禽馆，三面亭廊一池水，山石、花木，点缀其间。游人既可观动物戏耍，又可赏各种建筑之美，别具一格。

攻 略

美食 饕餮一族新发现

赏桂品茶：每到金秋花开时节，这里金桂飘香，道路两旁摆满了村民们搭建的茶座，游人可在此品尝香甜可口的桂花栗子羹、打牌娱乐，排遣工作的劳顿。另外，很多杭州市民去满觉陇喝茶，喜欢坐在桂花树下，让一阵阵"桂花雨"跌落到西湖龙井茶里，可为茶香添了桂花香，香飘四溢。此外，桂花还可以提炼芳香油和作为制造糖果、糕点的上等原料，还可以将桂花、纯藕粉加白糖冲调成桂花藕粉。

糖桂花：脆制过的桂花和白糖拌和在一起，即成了市场上常见的糖桂花。如果将桂花提取的香精调在馅糖之中，就是桂花糖。在满觉陇村，制作糖桂花是这里的传统工艺，西湖藕粉的标准吃法正是加糖桂花。

娱乐 城市魅力深体验

满觉陇是杭州桂花最集中的地方，每年金秋的西湖桂花节都在这里举行，杭州的桂花早已名闻中外。游满陇桂雨，以赏桂为主。如有余兴前行至满陇深处，还可游览石屋、水乐、烟霞三洞。

龙井问茶

充满诗意的鉴茶之地

微印象

@樱桃小丸子 龙井四周，碧嶂千绕，怪石林立，古木参天，松篁交翠，自然景色幽美。约上三五亲朋，一边欣赏美景，一边品尝着正宗的龙井茶，真是一种享受。

@rain 其实拜访龙井村应该是我游西湖的一个小穿插。我喜欢茶，也喜欢茶文化。置身于满山的龙井茶树之中，远处的梯田，也全是成片的茶田，这种感觉太幸福了。

门票和开放时间

门票：免费。

开放时间：9:00~17:00。

最佳游览时间

以清明前后、谷雨时节游玩最佳，届时既可以参观茶农采茶，也可以品尝到新采摘的正宗龙井茶叶。

进入景区交通

位置：杭州市西湖区龙井狮峰148号。

交通：乘27路、游3路等公交在龙井站下可达。

景点星级

特色★★★★★　　人文★★★★　　美丽★★★　　休闲★★★★　　浪漫★★　　刺激★

龙井问茶是新西湖十景之一，是走访龙井茶文化的著名景点。北宋时龙井已成为旅游胜地，诗人苏东坡常品茗吟诗于此，曾留下"人言山佳水亦佳，下有万苦蛟龙潭"的赞诗。

西湖龙井茶主要产于龙井村地带。龙井的茶不仅汇茶之色、香、味、形四绝于一身，而且集名山、名寺、名湖、名泉和名茶"五名"于一体。而冠名西湖龙井的茶叶有狮、龙、云、虎、梅之别，以狮峰、龙井地之茶为最优，其中奥妙，唯有亲自去龙井村品茗问茶方可悟出，因此就有了"龙井问茶"之趣说。龙井泉泡出龙井茶，茶香四溢。

① 龙井泉

龙井原名龙泓，是一个圆形的泉池，大旱不涸，古人认为此泉与海相通，其中有龙，因称龙井。龙井泉与虎跑泉、玉泉并称为杭州三大名泉，水质清冽甘美。

龙井泉尚有一奇特之处。龙井泉的水由地下水与地面水两部分组成。地下水比重较大，因此地下水在下，地表水在上。当你用小棒搅动井内泉水时，水面上就会出现一条蠕动的分水线，仿佛游龙一般，这种现象在雨天时更为明显。这是因为地面水和地下泉水相互冲撞，两种水质因比重和流速的差异所致。当地下泉水重新沉下去后，分水线渐渐缩小最终消失。这一奇异的自然现象，给游人平添了许多乐趣。

> 点赞 👍 @又见初雪 山色清秀，泉水凉凉，林木茂密，环境幽静。泉水甘甜，四季不干，清如明镜。据说用棍棒搅动泉水，还会出现奇异的"龙须"。

② 龙井村

龙井之西是龙井村，如今称为龙井山园，环山产茶，龙井四周，碧嶂千绕，怪石林立，古木参天，松篁交翠，自然景色幽美。

龙井村拥有近53.3万平方米的高山茶园，四面群山环抱，为龙井茶的生长提供了得天独厚的环境。

龙井茶外形扁平挺秀，色泽绿翠，素以"色翠、香郁、味甘、形美"四绝著称，驰名中外。1985年，"龙井问茶"入选新西湖十景，从此不仅这里的茶叶，就连这里的风景也身价倍增。每年清明前后、谷雨时节，茶农采茶、炒茶香溢林下。游人慕名前来问山、问水、问茶、问茶艺，更问龙井情，堪称西湖春游的第一快事。

> **小贴士**
>
> 龙井茶所含氨基酸、儿茶素、维生素C等成分，均比其他茶叶要多，营养丰富，有生津止渴，提神益思，消食化腻，消炎解毒之功效。

> **点赞** 👍 @花泽妞妞 绿油油的茶树，忙碌的采茶人，是春天这里特有的风景线。到了秋天，树叶变黄，满山黄澄澄，层林尽染，美得无以言表。

③ 龙井寺

离龙井500米左右的落晖坞有龙井寺，俗称老龙井，创建于五代后汉乾祐二年（949年），初名报国看经院，北宋时改名为寿圣院，南宋时又改称为广福院、延恩衍庆寺。明正统三年（1438年）才迁移至井畔，现寺已废，如今这里既是一个美丽的景区又是一个美食区，很多的餐饮精品小店大隐于这美景之中。周边的美景远胜于美食，吃什么已不重要了，在这绿色的景致中，使人彻底地放松了。

老龙井还留有"十八棵御茶"遗迹。乾隆还题"湖山第一佳"五个大字，并将过溪亭、涤心池、一片云、风篁岭、方圆庵、龙泓涧、神运石、翠峰阁定为龙井八景。他采摘过的茶树共有十八棵，后人用心培养，称之为"十八棵御茶"，并作为贡品每年进奉朝廷，如今这十八棵御茶树依然生长于狮子峰原胡公庙旁。

> **攻略**
>
> 老龙井里面有很多餐饮小店，游人可根据喜好前去品尝。推荐菜肴：龙井茶煮野山菌，既有龙井茶的清香，又有野菌的醇厚清新之感；龙井虾仁，作为龙井茶的产地，这里的龙井虾仁算是非常正宗的，口感香、清、甜。

> **点赞** 👍 @ 稻香悠远 据说当年乾隆皇帝来这边吃过东西，在封建王朝时代，来这里的都是一些王侯将相、达官贵人，一般的平民老百姓是绝对进不去的。不过现在好了，我们这些老百姓也可以去了，也可以享受一下当年皇室般的待遇。

④ 中国茶叶博物馆

茶叶博物馆作为展示茶文化主题的博物馆，位于杭州西湖龙井茶的产地双峰一带，拥有茶史、茶萃、茶事、茶缘、茶具、茶俗六大展示空间，从不同的角度对茶文化进行了诠释。

一号楼为陈列大楼，设五个展厅。茶史厅介绍中国茶叶生产、茶文化的发展史；茶萃厅展出中国名茶和国外茶叶的样品；茶具厅展示中国各历史时期茶具的演变和发展；茶事厅介绍种茶、制茶、品茶的科学知识；茶俗厅介绍云南、四川、西藏、福建、广东等地及明清时期的饮茶方法和礼仪，反映中国丰富多彩的茶文化。二号楼用作外宾接待和学术交流。三号楼设六个不同风格的茶室，供参观者品尝各茶系的饮茶风味。在四号楼，参观者可以欣赏到古今中外的茶艺和茶道表演。

西湖

清晰余韵

梅灵北路

竹畔茶楼
铭毅茶楼

中国茶叶博物馆

饮马居

4

一江春水茶楼
茗佳居

鸟语花香　遵生堂

聚喜楼

钱师傅茶庄

1

3　龙井寺

龙井茶室　龙井泉

金端茶庄

幼展茶室

龙井村

2　云上牌龙井

古韵茶楼

贡牌龙井

山地双绝汇龙井

龙井路

西湖牌龙井

梅五星茶庄

翁广喜牌龙井

卢正浩牌龙井
春松茶庄
俏梅茶庄
春娟茶庄

六和塔牌龙井

狮牌龙井

徐梅茶庄
樟乐茶庄

虎跑茶室

云竹茶庄

丰溢茶庄

问溪山庄

和茶缘
随意茶庄

七佛龙冠牌龙井

龙井问茶示意图

专题 西湖龙井

西湖龙井茶，因产于中国杭州西湖的龙井茶区而得名，为中国十大名茶之一。欲把西湖比西子，从来佳茗似佳人。龙井既是地名，又是泉名和茶名。龙井集名山、名寺、名湖、名泉和名茶于一体，泡一杯龙井茶，喝出的是世所罕见的独特而骄人的龙井茶文化。

历史文化

西湖龙井茶素以"色翠、香郁、味甘、形美"四绝著称，驰名中外。西湖龙井茶在清代被指定为皇室贡品，新中国成立之后被列为国家礼品茶。

西湖龙井茶生产历史悠久，唐代"茶圣"陆羽在《茶经》中就记载天竺、灵隐二寺产茶。那时按林洞山峰产地称茶名，叫"香林茶""白云茶""宝云茶"。以龙井称茶名始于宋朝，到清朝才真正扬名。历史上，按产地分狮、龙、云、虎、梅五个字号，新中国成立后合并为狮、龙、梅三个字号，20世纪50年代茶叶实行统购统销后统称西湖龙井茶。

鉴别方法

鉴别西湖龙井有四大招数：1.辨"色绿"：色泽是翠绿和糙米色相间，而且绿、黄两色浑然天成，恰似水墨画墨迹浓淡相匀；2.闻"香郁"：龙井茶香郁若兰，尤其是特、高级"狮峰龙井"香味浓烈扑鼻，其中又掺几丝蜂蜜的甜味儿；3.品"味醇"：正宗的龙井茶喝起来口感香郁浓厚，续了几次水后仍有淡淡的甜味；4.观"形美"：好的茶叶为扁形，叶细嫩，条形整齐，宽度一致，手感光滑。

冲泡技术

龙井茶的冲泡水温：80℃~90℃开水，茶与水的比例要恰当，通常为1:75。冲泡时，应先在杯中倒入1/3的水进行浸泡，等到茶叶散发出淡淡清香后，再沿杯边倒水至七八分满。这样冲泡出来的茶浓淡适中、口感鲜醇、叶色嫩绿。切忌用滚开的水冲泡龙井，它会破坏茶中的叶绿素，使其变黄；茶叶中的茶多酚类营养物质也会在高温下氧化，使茶汤变黄；很多芳香物质在高温下容易挥发，使茶的香味减弱，冲泡之前，最好凉汤，即在储水壶置放片刻，等沸水中的气泡消失后再冲泡。

茶文化活动

在每年春季龙井茶开摘时节（3月底~4月）举行，历时一个月，以茶文化为主线，开展会议、展览、活动和旅游，每年都有不同的茶文化主题，推出一批有影响力的茶文化旅游项目。如西湖龙井炒茶王大赛、西湖国际茶宴品鉴活动、杭州"茶人之家"海选活动、西湖国际茶会、清河坊民间茶会、茶艺之星评比。活动高潮时将联合杭州在内的运河流域共33个城市设置1000个饮茶点，向学生、市民、游客赠茶。

虎跑梦泉

被誉为"天下第三泉"

微印象

@翟不宅 偶然路过进去的，没想到别有洞天，门票很便宜，景色宜人，类似一个大公园，山的坡度也不算高。景点里还有济公和弘一大师的纪念馆，不用另外收费。来杭州建议去一下这个景点，性价比很高。

@清新π 泉水和绿荫搭配得清新雅致，参天的大树投下满眼的绿，冲破眼球、浸润心田。泉水灵动，给世界注入无尽活力与勃勃生机。

门票和开放时间

门票：15元。

开放时间：夏季7:00~17:30，冬季7:00~16:55。

最佳游览时间

四季皆宜，初夏最合适，正好可以品味虎跑泉水冲泡的新摘龙井，同时虎跑公园也是避暑纳凉的佳所。

进入景区交通

位置：杭州市西湖区虎跑路47号。

交通：乘808、315、194等路公交到虎跑站下可到。

景点星级

休闲★★★　人文★★★★　美丽★★★　浪漫★★★　特色★★★　刺激★

相传唐朝时候，高僧性空禅师来大慈山弘传佛法，由于缺乏水源，准备离去，却在梦中受神人点拨，有两头由南岳仙童化成的猛虎在山上刨地出泉，于是性空禅师便在泉址旁建起了大慈定慧禅寺，而双虎刨出的泉水就是虎跑梦泉。

现在作为新西湖十景之一的虎跑梦泉，是一处以"一泉二寺三高僧"为载体的景点，景区以溪、泉为景脉，利用旧虎跑寺建筑遗构在周围设翠樾堂、罗汉亭、济公殿等，还开辟了茶室、弘一法师纪念馆等，已经成了一个风景秀丽、配套设施完善的山林公园。

虎跑梦泉景区是全国罕见的有两座庙的寺院，老寺叫定惠寺，新寺为虎跑寺，不过现在都统称虎跑寺。寺庙初建于唐元和十四年（819年），寰中禅师结庵于此，唐僖宗年间改名为"大慈定慧寺"。

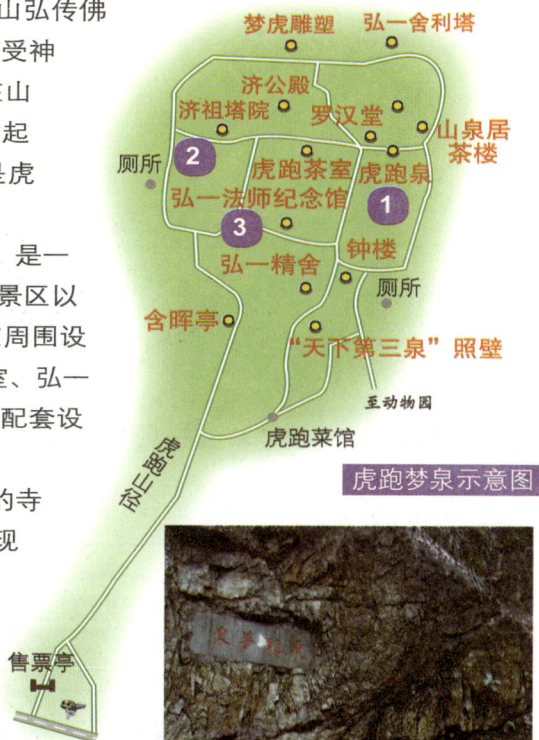

梦虎雕塑　弘一舍利塔
济公殿
济祖塔院　罗汉堂
厕所　山泉居茶楼
2
虎跑茶室　虎跑泉
弘一法师纪念馆
1
3
弘一精舍　钟楼
厕所
含晖亭
"天下第三泉"照壁
至动物园
虎跑菜馆

虎跑梦泉示意图

售票亭

故事　虎跑二寺的缘由

相传当年建寺的性空禅师圆寂之后，他的两个弟子就接替他主持寺院，谁知大师兄利不同均，私吞香火钱，二师弟一气之下，在二凉亭正对的路上又建了天王殿和大雄宝殿，半路上拦去香火钱，山上原来的寺院就很少有人上去烧香了。大师兄在情急之下，就在转弯处立了"虎跑泉"的照壁，以示山上的寺庙才是正宗。

点赞 👍 @ **马小白** 感受这里苍碧空灵的山色，聆听琴声般的涼涼水声。在返璞归真之际，我们可以感悟禅机，了解到性空、济公、弘一这三位不同时代的高僧在这里留下的传奇历史印迹。

① 虎跑泉

虎跑泉位于罗汉堂旁一偏殿内，主泉眼两尺见方，水质纯净，甘洌醇厚，与龙井、玉泉、郭婆井、吴山大井并称为杭州五大圣水，同时还有"天下第三泉"的美誉。泉后壁刻着"虎跑泉"三个苍劲大字，为西蜀书法家谭道一的手记。

虎跑泉原有三口井，后合为二池。在主池泉边有"梦虎"雕塑，为性空禅师枕臂侧睡，栩栩如生的两只猛虎从石龛右侧作刨地状，整组雕塑生动逼真，给人一种超然物外的感觉，正如有副对联所说的："梦熟五更天几许钟声敲不破，神游三宝地半空云影去无踪"。

> **点赞** 👍 @ reedchan 好多市民一大早就在里面排队打泉水了。这泉水的张力很大，倒满一碗水，可以浮起一个小面值的硬币。灌了瓶水回来还特意煮了壶绿茶喝。

攻略

虎跑泉水可以浮起硬币，专家解释是这里的泉水是透过难以溶解的石英砂岩渗流出来的，密度大，而且甘甜无菌，这样的水质对人体有解析多余盐分的作用。

虎跑公园内游客可以排队取泉水，建议大家游玩的时候带上几只空瓶，取点泉水带回去，烧开泡上一壶狮峰龙井，好好感受下龙井茶叶、虎跑泉这"西湖双绝"。

❷ 济祖塔院

济祖塔院是宋代济公圆寂的葬骨之处，院内五幅浮雕记录了济公的生平事迹，正中一幅是济公平生像，这些浮雕从左至右分阶段分别是济公斗蟋蟀、运木古井、飞来峰传奇、疯僧扫秦桧，概括了济公生平的主要事迹。

这座混凝土建筑的塔院系民国初年的建筑，后来由以扮演济公出名的著名演员游本昌捐资加以修葺扩建，形成了目前的规模。

👪 亲子研学

济世活佛

济公（1130—1209年），原名李修元，南宋高僧，天台山永宁村人。他破帽破扇破鞋垢衲衣，貌似疯癫，初在杭州灵隐寺出家，后住净慈寺，圆寂于虎跑寺。

济公虽不受戒律拘束，嗜好酒肉，举止癫狂，但却是一位学问渊博、行善积德的得道高僧，被列为禅宗第五十祖。他懂医术，为百姓治愈了不少疑难杂症，也好打抱不平，息人之诤，救人之命。他的扶危济困、除暴安良、彰善瘅恶等种种美德，在人们的心目中留下了独特而美好的印象，世人尊称为"活佛"。

❸ 弘一法师纪念馆

济公殿旁边，是弘一法师纪念馆。弘一法师或许有些人并不了解，但是他的俗名李叔同，因一首"长亭外，古道边，芳草碧连天"早已家喻户晓。纪念室建于1984年，室内分三个部门，陈列着百余件李叔同生前的实物展品。纪念室门口还有一座弘一塔，是新中国成立后在丰子恺及新加坡广洽法师等人的资助下建造起来的。

李叔同是浙江平湖人，1880年生于天津，1905年留学日本，回国以后，他执教美术、音乐等学科，创办了中国第一个剧社——春柳社，并把欧洲的西洋画、五线谱介绍到中国。39岁时他在虎跑寺剃度为僧，法号弘一。

👍 **点赞** 👍 @ **雅竹清风** 纪念馆不大，里面有一些大师的遗物，旁边是大师曾经的居所。纪念堂中一直有幽静的乐曲在回荡，看着他的生平事迹，才发现有很多不知道的故事。以前不明白为什么弘一法师的书法一字千金，现在才了解他的确是一个伟大的人。

链接　李叔同的传奇人生

李叔同，生于清光绪六年（1880年），卒于1942年秋。李叔同一生63年，在俗39年，在佛24年。其生其死都充满诗意和神秘色彩，仿佛是演完了一场人生大戏。观其一生，半为艺术，半为佛。他一生光明磊落，潇洒飘逸，道德文章，高山仰止。作为"二十文章惊海内"的大师，李叔同集诗、词、书画、篆刻、音乐、戏剧、文学等于一身。

他年少轻狂的时代，一如当时文人风流的行径，过着琴棋书画、风花雪月的人生，中年时却顿悟，披剃于杭州虎跑定慧寺，遁入空门，断绝尘缘，超然物外，几乎废弃了所有的艺术专长，耳闻晨钟暮鼓，心修律宗禅理，让世人一片惊愕。

六和听涛

十万军声半夜潮

微印象

@快速滴溜达 真正的南宋古塔，不是近代重修的。外观古朴，塔内陡峭，不过站在塔内可以远眺钱塘江大桥。塔内有大量的须弥座砖雕，很精美。值得去特意品味。

@樱桃 登高便是为了远眺，在那层层旋转的木梯里，每登上一层，钱塘江就在你眼前更浩瀚一下。塔顶风很大，依窗而眺，开阔的江面，横越的钱塘江大桥，一片苍茫。

门票和开放时间

门票：20元（上塔需另付10元）。

开放时间：6:30～17:30。

最佳游览时间

四季皆宜，秋季最佳，在秋高气爽季节，登塔听涛那份并吞八荒之豪情，足以让人心旷神怡。

进入景区交通

位置：杭州市西湖区之江路16号。

交通：乘308、190路公交到之江路六和塔站下可达。

景点星级

特色★★★★　美丽★★★★　人文★★★★　休闲★★★　浪漫★★★　刺激★★

在杭州市钱塘江北岸的月轮峰上，有一座高近60米的十三层宝塔，巍峨突起，俯瞰钱塘，这便是六和塔。

六和塔古朴庄重、巍峨壮丽，是杭州的标志性建筑之一。巍巍古塔与现代的钱江大桥，在青山江天的辉映下，显得分外壮丽。游人到此，既可欣赏古塔的雄姿，又能领略钱塘江的风光。由于钱塘江就在它的脚下，滔滔江水时而出现，潮涨潮落，"十万军声半夜潮"，别有一番波澜壮阔，因而三评西湖十景时就赋予它一个动听的名字——六和听涛。

1 六和塔

六和塔位于西湖之南，钱塘江畔月轮山上。北宋开宝三年（970年），当时杭州为吴越国国都，吴越王为镇住钱塘江潮水，派僧人智元禅师建塔。取佛教"六和敬"之义，命名为六和塔。六和塔又名六合塔，取"天地四方"之意。

六和塔原建塔身九级，顶上装灯，为江船导航。北宋宣和五年（1123年），塔被烧毁。南宋绍兴年间重建。明正统二年（1437年），修顶层和塔刹。清光绪二十五年（1899年），重建塔外木结构。乾隆皇帝曾游此，为每层塔依次题字立匾，此况实属罕见。

现存的六和塔为平面八角形，高约59.88米，外观八面十三层，内分七级，其中第六层封闭，第七层与塔身相通，成"七明六暗"的独特构造。塔身自下而上塔檐逐级缩小，塔檐翘角上挂了104只铁铃，风吹铃动，声音悠远。

攻略

建议于钱塘江秋潮时去游览，六和塔是观钱塘大潮的最佳位置之一，游人登塔观潮的时候，还可以试试"听涛"，听涛比观潮更需专一用心，更易启发遐思，让人心领神会，体味万千意象。

点赞 👍 @ Cutube 七层宝塔，爬得还真有点累。塔的建造很讲究，从塔里能看到钱塘江，景色很美。不好的一点就是进塔还要先收公园门票再收塔的门票。

@ Helena 公园里很安静，游人不多。登上塔顶看钱塘江，风景不错。塔旁还有个小池子，水很清。

亲子研学

六和敬及乾隆题字

"六和敬"即佛教关于僧人修道的六种规约：身和同住，口和无争，意和同悦，戒和同修，见和同解，利和同均。

清乾隆帝为六和塔每层题的字分别是：初地坚固，二谛俱融，三明净域，四天宝纲，五云覆盖，六鳌负载，七宝庄严。

故事 六和填江

传说当时钱塘江里住着一个性情暴躁的龙王，沿江两岸的百姓整天过着提心吊胆的生活。一个叫"六和"的小孩，他发誓要用石头填满钱塘江，不让其危害人间，最终降服了钱塘江的龙王。后人为了纪念六和的壮举，就在月轮山上修建了一座宝塔，以六和的名字命名。

链接 开化寺

六和塔原有塔院叫六和寺，后改为开化寺，与六和塔同期建造，后被毁。其中有一楹联写道："灯传慧业三摩地，鼓应潮声八月天"。2008年，考古人员发现一段砖砌铺地，就是当时这座南宋寺院的长廊。

❷ 中国古塔陈列馆

中国古塔陈列馆是利用六和塔原开化寺二殿为陈列场所，荟萃了分布在全国各名山大川、古都乡野、海天佛国、朔漠边陲的历代古塔全景或者局部图片，另外备有中国代表性古塔的仿真微缩模型，且配以精练准确而又生动的文字介绍。

点赞 👍 @ 无念事 可以带上孩子一起来游览，这里很多图文并茂的关于各种塔的解说，会令人增长见识。此外还有许多精致的模型，令人目不暇接。

③ 中华古塔博览苑

中国古塔博览苑于1993年建成。苑内按1:10的比例建造了中华名塔上百座，也有比例更大的。其造塔材料大多采用与原塔所用相同材质的砖、石、木等构建，力求逼真。

塔苑择建的各地名塔，几乎囊括了中国古塔的各种不同形式，无论是常见的楼阁式塔、密檐式塔、覆钵式塔，还有分布较少的金刚宝座塔、花塔及过街塔等，都可以在这里一睹它们的风姿。

> **点赞** 👍 @ **鱼之殇** 这里100多座小塔分布掩映在树林里，我很喜欢这里，僻静没什么人，一般游客也不到这里来，旅游团更不会来，所以外出旅游一定要自助游，不然会有很多美景看不到。
>
> @ **妞妞** 从六和塔下来，经塔院，过碑亭，沿着山径向山上攀登，山径畔有许多不同造型的古塔，矗立在山林之中，随手拍了几张。该苑将中国各地著名的塔微缩雕刻，集中展示了中国古代建筑文化的成就。

延伸　鲁智深和武松像

六和塔下，立有鲁智深和武松像。鲁智深圆寂在塔下，骨灰葬在塔苑；后来武松不愿回朝受封，也在此出家。

相传梁山泊英雄南征方腊，宋江将兵马驻扎在六和塔外的寺庙内，鲁智深与武松忽听得钱塘江上潮声雷响。鲁智深是北方人，从没听说过钱江潮，以为是战鼓声，便起身准备迎战。后来僧人跟他解释，方知这是潮信。于是他想起以前出家时师父说过"听潮而圆，见信而寂"的偈言，觉得这是宿命，便在六和塔边圆寂坐化了。

鲁智深圆寂后，宋江等人前去看望武松，要武松随他去朝见皇帝，武松却对宋江说："我不愿见皇帝，金银赏赐都不要，只要做个清闲人就十分好了。"宋江再三劝说，武松都不动摇，随后在六和寺出家。

西溪

一曲溪流一曲烟

微印象

@雨中漫步皮皮　西溪之胜，独在于水；西溪之重，重在生态；西溪人文，源远流长。无论是静静地坐在船里还是漫步于岸上，雨声和水交汇而形成的独特音乐，都会轻轻地落入心弦。

@奔跑的兔子　我认为西溪湿地最漂亮的时候是秋季，那时两岸的柿子慢慢成熟，黄色的果实挂在树上，宛如一个个小灯笼，映衬着木屋、小桥、绿叶、溪水，别有一番韵味。

门票和开放时间

门票：入园免费，核心区（占全园面积约50%，建议从周家村主入口进入）80元。园内环行电瓶车成人票30元/人（乘坐不限次）。电瓶船60元/人，有两条线路可选。租摇橹船价格为100元/小时，最多可乘坐6人。

开放时间：7:30~18:30（4月~10月7日），8:00~17:30（10月8日至次年3月）。

最佳旅游时间

四季皆可，夏季与初秋尤佳。夏季，游客可以徜徉于郁郁葱葱的水草之间，乘坐摇橹船，体验水乡的清凉；初秋，则可以与友人或漫步在西溪蜿蜒的石板路上，或摘一篮金灿灿的柿子，品味西溪秋的韵味。

进入景区交通

位置：杭州市西湖区留下街道，周家村主入口在天目山路518号，北门出入口在文二西路。

交通线路：乘地铁3号线至西溪湿地南（周家村主入口）、花坞（高庄入口），乘地铁19号线至西溪湿地北（北门入口）。

东区交通：

自驾路线：1.南京、镇江、无锡、湖州方向：宁杭高速至杭州绕城西线，绕11B留下出口往天目山路市区方向直行约1000米，周家村主入口即到。

2.上海、苏州、嘉兴方向：沪杭高速至杭州绕城北线，然后转绕城西线，绕11B留下出口下，往天目山路市区方向直行约1000米，周家村主入口即到。

3.杭州绕城高速公路留下出口往天目山路方向：到武林门沿天目山路向西，经汽车西站后第二个红绿灯右转即到达西溪湿地东区。

西区交通：

自驾路线：1.南京、镇江、无锡、湖州方向：宁杭高速至杭州绕城西线，绕12五常出口下下沿访溪路往南至五常大道左转约500米即到西区龙舌嘴入口。

2.上海、苏州、嘉兴方向：沪杭高速至杭州绕城北线，然后转绕城西线，绕12五常出口下下沿访溪路往南至五常大道左转约500米即到西区龙舌嘴入口。

3.杭州主城区方向：文二西路至绕城五常入口往南沿访溪路直行至五常大道左转约500米即到西区龙舌嘴入口；天目山路一直往西过周家村入口行至五常大道即到龙舌嘴入口；城南可通过万松岭隧道、玉皇山隧道、九曜山隧道、五老峰隧道、吉庆山隧道、灵溪隧道到达景区。

景点星级

美丽★★★★★　浪漫★★★★　特色★★★★★★　休闲★★★★★★　人文★★★★　刺激★★

西溪国家湿地公园被誉为"杭州之肺"，集城市湿地、农耕湿地和文化湿地于一体，占地约11.5平方千米。水是西溪的灵魂，整个园区六条河流纵横交汇，其间分布着众多的港汊和鱼鳞状鱼塘，形成了西溪独特的湿地生态景致。

小贴士

自驾游客的车辆不能停在西溪湿地公园停车场及天目山路两侧，可以停在周家村入口处的停车场。

公园分为一期（中区）、二期（东区）、三期（西区），中区和东区之间是福堤，东区绿堤贯穿东西，西区寿堤贯穿南北。公园内有费家塘、虾龙滩、朝天暮漾、包家埭和合建港五大生态保护区和生态恢复区。

1 西溪一期

西溪一期位于西溪国家湿地公园的中部，是整个公园的核心部分，主要景点有烟水渔庄、秋雪庵、西溪水阁、梅竹山庄、深潭口、西溪梅墅、西溪草堂、泊庵等。

烟水渔庄主要展示西溪农事鱼耕活动，也是游客休闲、餐饮的中心，是借鉴前人《秋渔庄》的诗歌意境而加以修建的。在渔庄里，游客可以品尝西溪的特色佳肴，吃到各种风味和品种的淡水鱼，还可以在大众垂钓区垂钓。在茶室和临水而建的小楼里，可以品茶、赏湖。

烟水渔庄一直向南，是秋雪庵。秋雪庵位于湿地内腹，为两进庭院布局结构。第一进是正殿，院落中的建筑以佛教文化为主要风格；第二进是后院，正北是一排五开间的僧寮。僧寮东侧有一小门，通往外面的跨虹桥，将秋雪庵与护生堤相连接，堤下便是放生池。池东北侧又有莲花幢，幢后的溪水接通幔芦港。秋天的秋雪庵呈现出沉香古雅的景色：东面秋雪滩上芦花飞舞，南面一水之隔的杨柳城柳絮飞扬，前面百家楼又有开阔遥远的青草地，构成了以水域为主体的宽阔视野。

西溪水阁在西溪一期的东南角，是一组文人别业式的建筑，是古时文人隐居深泽、藏书读书的地方，水阁由"拥书楼"和"蓝溪书屋"东西两座建筑构成。水阁的墙面，下部山墙为夯土墙，上部为露出梁架的编竹夹泥墙，乡居气息浓郁。东西两头各有一处埠头，岸边各设一座小亭，方便游客休息。

攻略

西溪一期紧临二期的一片宽阔的水域便是深潭口。深潭口水面呈十字交叉，加上独特的地理优势和环境氛围，每年农历五月初五端午节都会在此举行龙舟盛会。龙舟盛会分为蒋村龙舟和五常龙舟，在深潭口和五常河道两处龙舟竞渡，场面十分壮观。此外还有美食节和各种展览，游客可以尽情参与。

点赞

👍 @ **奔跑的犀牛** 终于，我可以不必临渊羡鱼，过把渔夫的瘾，和活蹦乱跳的鱼虾来一次亲密接触！

@ **小鱼** 置身这样生机盎然、赏心悦目的湖光山色中，幽谷清风吹走了城市的喧嚣，自己仿佛真的成了一名渔夫，幸福的渔夫、快乐的渔夫！

西溪湿地示意图

至杭州城区

北门出入口

文 二 西

柿林秋色
村坞田园
朝天暮漾
生态保护区
观鸟亭
烟水庵

西溪文化创意园
千金漾观鸟区
❸
河渚街
绿堤
东侧水生花园
东门出入口

西溪

荆源访古
桥亭思母
幔港寻幽
邬家湾出入口
烟水渔庄
深潭口
蒋村集市
虾龙滩生态保护区
洪钟别业
观鸟亭

杭州湿地植物园
水下生态观光廊
福堤
包家埭水生植物群落展示区

❷

西溪二期

中国湿地博物馆

洪祠追远
洪园隐荟
百家溇
草堂禅茶
泊庵
西溪一期
秋雪庵
观鸟亭
梅竹山庄
梅竹文化区

曲水庵
西溪水阁
西溪梅墅

莲花滩观鸟区
历杭二公祠
高庄
观鸟台
芦庵

至杭州城区

❹
西溪三期
龙舟竞渡
慈航送子

西溪草堂
天目山路

高庄出入口
花坞路

生态展示馆

西溪艺苑
龙舌还绿
周家村
主出入口
五常大道

龙舌嘴出入口

② 西溪二期

　　西溪二期布局东静西闹，南雅北俗，南起天目山路，北至文二西路，东邻紫金港路，西侧与西溪一期及西溪湿地综合保护区余杭区块的东界相邻，总面积约4.89平方千米。西溪二期主要有福堤免费开放区、湿地生态植物展示区、莲花滩观鸟区、中国湿地博物馆等景点。

　　莲花滩观鸟区既是涉禽鸟类的主要栖息地，也是涉禽等水鸟的主要观赏区。观鸟区以浅水域为主，但仍尽可能地保留了深水区，以适应小鹏鹏、野鸭等游禽的生存；同时，为吸引白鹭等涉禽觅食，区域内营造了更多的裸露滩涂区域和长芦苇等植物的泥岸。莲花滩观鸟区设置了观鸟屋两座，观鸟台1座，观鸟游步道1000米。观鸟台为两层木结构建筑，陈列了常见野生鸟类图和文，宣传爱鸟和护鸟知识；能遮风避雨，舒适地享受观鸟、摄鸟的乐趣。莲花滩观鸟区北面是包家埭水生植物群落展示区，区内有一条水下生态观光长廊，可以观赏水底的植物和鱼群。

　　中国湿地博物馆在莲花滩观鸟区的东边，是一座外形圆满、通体晶莹的建筑，位于整个西溪公园的东南角。馆内主要被划分为地下一层、地面三层共八大区域四个主题展厅（序厅、湿地与人类厅、中国湿地厅和西溪湿地厅）。博物馆内有亚马孙河湿地、大堡礁等模型，更有4D电影、多媒体视频、互动触摸台等高科技多媒体平台。

小贴士

　　中国湿地博物馆开闭关时间为周二至周日9:00~16:30（16:00停止进馆参观），周一全天闭馆（节假日除外）。

👪 亲子研学

观鸟术

　　简单的观鸟方法是"数、听、看"。数：夏末秋初时，西溪湿地里有上万只鸟，主要有夜鹭、白鹭、灰鹭、天鹅、野鸭，细细数来，很有趣味。听：就是听鸟的叫声。看：就是看鸟类觅食、休息等活动。西溪最佳观鸟季节是春、冬两季。

链接

西溪湿地是《非诚勿扰》杭州拍摄的主要外景地，电影选择了园区的三处景点拍摄，分别是秋雪庵附近的芦苇荡、深潭口和文化创意园的别墅。园区内会有电影拍摄场地的指示标牌，游客可以沿路游览。

③ 福堤免费开放区

福堤（原花蒋路）南接天目山路，北连文二西路，横贯西溪国家湿地公园南北，中间串起六座"福"字桥，分别名为元福桥、永福桥、庆福桥、向福桥、广福桥、全福桥，沿途串联了高庄、交芦庵、曲水庵、河渚街、洪钟别业、蒋村集市等西溪二期景点。

高庄，又名西溪山庄，是清代高士奇在西溪的别墅。清康熙二十八年（1689年），康熙南巡时，曾临幸西溪山庄，并赐"竹窗"二字和诗一首。现恢复的高庄由高宅、竹窗、捻花书屋、桐荫堂、蕉园诗社等建筑组成，再现了当年康熙驾临高庄的历史场景。

蒋村集市是典型的江南水乡集市，河港密布，曲水环绕。游人可驾小舟捕鱼、虾、蟹、鳝，可撷笋、芦、桑椹、红柿、紫菱于街市，也可观看西溪船拳武术表演。

小贴士

西溪公园的免费区域包括：福堤沿线、绿堤沿线、邬家湾免费开放区、龙舌嘴免费开放区、西溪艺术集合村、西溪雕塑园、西溪农耕文化村、西溪天堂。除了从周家村主入口进入就是收费区域外，从其他入口进入首先都是进入免费区。

攻略

1.乘坐摇橹船游览西溪，不但节省时间，而且节省体力。游客可以边享受西溪美景边品尝杭州香茶，相当悠哉。中途可以下船游览，参观完毕返回船上（下船时记得带好随身物品）。

2.坐在摇橹船上，船夫会推荐你喝茶，还可以买零食，有瓜子、小核桃等。这些茶水和小吃都属于船夫的个人盈利，可以和船夫议价。

3.在蒋村集市附近，有各种会所、酒吧、茶庄、特色餐饮店、酒店，游客可以到此住宿或用餐。

④ 西溪三期（西溪西区）

西溪三区内，寿堤由南到北，将龙舌环绿、慈航送子、龙舟竞渡、洪园隐秀、幔港寻幽、桥亭思母、柿林秋色、村埭田园等西溪美景串珠成链。

洪园隐秀包括园林和洪园两部分，其中洪园又包括洪氏宗祠、洪氏家族文化系列馆、吉祥文化陈列馆、洪氏纪念馆等景点。洪氏文化中被后人所熟识的便是洪昇所著的《长生殿》。

五常人家在洪园的南面，主要展示以前居住在西溪的农家所使用的生活用品和农耕渔事活动的劳动工具，其中许多东西都是西溪农家所特有的，如猫气死、瓦盘、瓦圈、砖夹等，可以在此体验湿地乡村的传统文化。

小贴士

1.西溪园内漫步道错综复杂，可以抵达各景点，但大多没有指示标牌，较易迷路，如若步行游览建议三至五人结伴而行，而且要准备足够的时间和体力及水和干粮。

2.遮阳挡雨不建议用伞，因为林间树枝低，路又窄，容易刮碰，建议使用帽子、眼镜和雨衣。

攻略

9~10月，园区内会举办"西溪火柿节"，采摘的柿子会通过各种方式赠送给幸运的游客。西溪所产的方柿果大皮薄，肉细汁多，味道非常甜美。

链接

《长生殿》是昆曲经典剧目，之后成为京剧传统剧目。由清初洪昇创作，讲的是唐玄宗和贵妃杨玉环之间的爱情故事。西溪三期的洪昇纪念馆、戏曲长廊、昆曲视听室等景点，展示了洪昇的经历、成就及昆曲的内涵及特色。

攻 略

住宿 驴友力荐的住宿地

西溪园区内有不少度假酒店，设施齐全，环境优雅。如杭州西溪悦椿度假酒店（地址：西溪公园的东南角），其设计处处彰显江南风韵，客房装修高雅豪华，SPA水疗是其亮点。还有，杭州西溪庄园（地址：福堤向南，蒋村集市附近）等。

西溪湿地公园周边也有很多酒店，而且相对于园区内的度假酒店较经济，如西溪纳德润泽园酒店（地址：西湖区花坞路3号）、清境西溪民宿（地址：文二西路西溪湿地北门慢生活街区）、西溪纳德润泽园酒店（地址：西湖区花坞路3号）。

美食 饕餮一族新发现

西溪园区内有烧烤区、深潭口、烟水渔庄等饭店可以用餐，也可以进行露天自助烧烤。蒋村集市附近的特色小吃店里的东坡肉、叫花鸡、蟹粉豆腐、西湖醋鱼、各种口味的酥糖也都很地道，喝茶的地方推荐去梅竹山庄、西溪梅墅。

行程推荐 智慧旅行赛导游

路线一：龙舌嘴码头→洪园码头→洪氏宗祠→吉祥文化馆→五常人家→钱塘望族等景区，最后乘坐景区电瓶车返回龙舌嘴码头。

路线二：周家码头→梅竹山庄→大圣桥→泊蓭→百家娄→烟水渔庄→烟水庵桥→桑园蒋→深潭口→长春桥→虾龙滩→邱家桥→西溪水阁→西溪梅墅→西溪草堂→换乘区→周家码头。

特别提示

❶ 西溪国家湿地公园旺季时会限制游客人数，所以在计划出行之前最好提前一到两天在网上或通过电话预约园区门票。

❷ 西溪夏季蚊虫较多，最好带上长袖衣物或者防蚊虫喷剂。

❸ 园区较大，人员较杂，如遇强行推销或者强行拉客的人，游客不必理会，务必到正规售票点购票，乘坐园区内的正规交通工具。

之江度假区

杭州西部的明珠

微印象

@罗晓明 之江度假区是"天堂里的世外桃源"。

@小楠团子 亲茶、亲山、农家游，品茶、住宿、山林探幽，一应俱全。

门票和开放时间

门票：宋城成人票300元起（包括《宋城千古情》演出，演出票因座位而价格不等）。

开放时间：9:00至最后一场《宋城千古情》演出结束后30分钟。

进入景区交通

位置：西湖区之江路148号。

交通：乘坐4路快线、39路、1314路等公交到宋城站下。也可以在6号线之江文化中心下车后，转乘公交约3站可到。

景点星级

美丽★★★★ 休闲★★★★ 特色★★★★ 人文★★★ 浪漫★★ 刺激★

　　之江度假区是全国12个国家级旅游度假区之一，北邻西湖风景区，南临钱塘江，是三江两湖黄金旅游路线的必经之路。度假区面积约9.88平方千米，规模庞大，拥有宋城、西湖国际高尔夫俱乐部、未来世界等三大主题项目和九溪玫瑰园等一批度假单元，各个景区犹如明珠一样将度假区点缀得熠熠生辉。在这里可以欣赏美丽的自然景观，观看精彩的演出，还能品尝正宗的西湖龙井。

1 宋城

　　宋城是杭州第一个反映两宋文化内涵的主题公园，景区依据宋代画家张择端的《清明上河图》画卷，再现了宋代都市的繁华景象。城内斗拱飞檐、街区纵横七十二行老作坊、宋代瓦子勾栏百戏遍布其间，真实还原了大宋京都民俗的风情画卷。

　　景区还将旅游和文化相结合，大型歌舞《宋城千古情》演出每天上演多场，气势恢宏，融合世界歌舞、杂技艺术于一体，运用高科技手段，营造如梦如幻的意境，真实再现了淳朴的南宋京都民俗风情。每年不同时段还会有"宋城新春大庙会""宋城火把节""宋城泼水节""南宋民俗节""中秋拜月大典"等各种民俗旅游项目。

2 西湖国际高尔夫乡村俱乐部

　　西湖国际高尔夫乡村俱乐部占地260多万平方米，为世界顶尖设计大师的经典之作。俱乐部由两个18洞的国际锦标球场组成，球场为典型的北美开阔式风格，与别墅互为景观，相得益彰。随着自然地势的起伏，使小桥流水的江南风情与尼克劳斯的球场设计水乳交融。

③ 大清谷

大清谷长约3.2千米，面积约3平方千米，谷内鸟语虫鸣，曲径通幽，松竹林立，被誉为"天堂里的世外桃源"，是集生态旅游、农业观光、野外探险、野营垂钓、极限运动为一体的新型生态休闲度假区。另外，这里还提供精彩的野外拓展训练，如野外宿营、野外生存、越野自行车、森林定向、蹦极、滑草、攀岩、射箭等，是休闲娱乐的最佳活动场地。

④ 白龙潭

白龙潭占地约30平方千米，景区保留了原生态面貌，风光奇特幽美，飞瀑流泉，山林茂盛，是杭州近郊的天然大氧吧。

景区内有杭州近郊最高的瀑布景观——白龙飞瀑，落差50余米，从山崖倾泻而下，宛如一条白龙游弋空中，如烟如雾，成为著名的"龙门八景"之最。此外，还有白青龙潭、小龙湫、观音洞、白龙禅寺（白龙庵遗址）、千丈岩、云中栈道等众多景点。

攻略

白龙潭景区有一个很大的极品龙井茶园，很早就已蜚声中外。这里产的茶品质上乘，味道爽口，值得品尝。

攻略

住宿 驴友力荐的住宿地

之江度假区酒店林立，档次都较高。

杭州丽晶美庐酒店：位于宋城对面，酒店同时也是西湖公馆之所在，北临梅家坞茶园，东靠西湖。酒店环境清幽，隐世而独立，私人定制式的独到服务，将西湖传统人文素养融入欧式奢华服务，使您的行程悠然雅致，别有一番风情。

玫瑰园度假酒店：按五星标准建造，每间房精心布局，可欣赏到户外山水美景，酒店汇集天下美食，拥有纯正的英式酒吧，提供来自世界各地的著名品牌洋酒。顶级SPA中心，引进德国高科技美容仪器，可让人体验皇室般的私人护理服务。

维也纳国际酒店（转塘美院店）：位于西湖区转塘镇东面，距离宋城仅1.5千米，周边交通便捷，地理位置优越。酒店融入巴洛克建筑的装饰风格，充满了欧洲音乐艺术的情调。

美食 饕餮一族新发现

之江度假区不仅是观光度假的天堂，也是美味尽享的胜地，各色江鲜、鱼味、特色餐饮应有尽有。主打杭帮菜的云栖海航酒店、味港大酒店等，经营钱塘江江鲜的钱江鱼味馆，以上泗土菜出名的海皇星生态乐园，经营高档粤菜的翠庄，各类沿江农家菜、特色农庄等。此外、川菜、日本料理、豆捞等各式餐饮也云集于之江，为游人的开心之旅奉上美味大餐。

娱乐 城市魅力深体验

西湖国际高尔夫乡村俱乐部为浙江最早经国务院批准立项、已建成北18洞、符合承办国际最高规格锦标赛事要求的顶尖高尔夫球场。俱乐部呈典型的北美开阔式风格，适合各种类型的球友，娱乐性丰富。球场还建有开放式双向灯光练习场和培训班等配套设施及浙江第一个9洞灯光球场，可为球友们提供专业全面的服务。

武林路商业街

南山路文化街

河坊街

小河直街历史街区

丝联166创意产业园

杭州深度游
Follow Me
★ ★ ★
带你旅行的伴导书

武林路商业街

杭州的"女人天地"

门票和开放时间

门票：免费。

开放时间：全天开放。

进入景区交通

位置：杭州市下城区，北起体育场路，南到庆春路，与延安路平行。

交通：乘坐地铁2号线在武林门站下车，再步行过去即可。

景点星级

美丽★★★　休闲★★★★　特色★★★　人文★★　浪漫★★　刺激★

武林路是杭州最有特色的商业街之一，全长约1650米，南起庆春路、北至体育场路。这里商业大厦鳞次栉比，如银泰百货、杭州大厦、杭州百货大楼等，一些规模较小的个性商店更是数不胜数。

武林路的时装精品街闻名遐迩，每一家小店都极具特色，并且有很多本土设计师的作品在此售卖。想找不会跟人撞衫的服饰，这里绝对是最好的选择。像江南布衣、蓝色倾情、秋水伊人、古木夕羊这些杭派女装的代表品牌，自然婉约的风格，精致考究的做工，总引得人在喜欢的衣衫间流连忘返。而崇尚个性的年轻潮人会在飞鱼、流行等新潮小店里驻足不去，让缤纷跳跃的色彩烘托出张扬的个性自我。

链接 武林路上的古迹

武林路起源于隋代大运河通航之初，至南宋时已颇具规模。现在这里的历史人文遗存有古武林门、古钱塘门、都锦生丝织厂、沙孟海故居（若榴花屋）、龙兴寺经幢（唐代古迹）、梅鹤堂（林和靖后裔居所）等。沙孟海是二十世纪书坛泰斗，书法功力深厚，尤擅行草。若榴花屋为两层三开间西式花园别墅，已辟为陈列室。

1 武林广场

广场因处于武林门地片内，故名武林。武林广场是杭城繁华且花园式的中心广场，周围新建高楼林立。广场上的八少女雕塑音乐喷泉是杭州繁华商业圈的标志。喷泉呈梅花状，"花蕊"为3个跳红绸舞的少女雕像，5个"花瓣"则是5个少女雕像，分别演奏着琵琶、笙、古筝、箜篌、笛子。

除了音乐喷泉外，广场的另外一个标志性建筑就是浙江展览馆，它是浙江省最有影响力的展览馆。南北广场约1.5万平方米，可供举办各类展览和活动。

链接 武林广场的由来

20世纪80年代的时候，杭州有十座城门，城门里面是城，城门外面是郊区，武林门就是其中一座。1969年时，武林广场被称为"红太阳广场"。直到1978年，浙江展览馆成立时，广场才改名为武林广场。

❷ 杭州大厦

　　杭州大厦位于杭城繁华的商贸、文化、交通中心的武林广场内。

　　这座集购物、酒店、商务、娱乐等多功能于一体的购物城，拥有齐全的商品种类、高档的国际国内品牌、优雅的购物环境、优质的高端特色服务，配套设施也非常完善，是一座真正意义上的全方位、多元化、多业态的大型购物商场。杭州大厦A、B、C、D四座商场分别针对不同的消费群体，每个楼层也都定位明确、个性鲜明：A座以女性商品为主，B座是综合性商品，C座是生活馆，D座主打潮流个性。

> **点赞** 👍 @付小帅 这是杭城品牌最高档的一家购物商城，包揽了各国的世界名牌。商场还融合了美食娱乐休闲的元素，相当给力。

❸ 277皇后公园

　　277皇后公园位于武林路277号，是一个公园式的购物场所，277皇后公园的名字有其独特的含义："277"是这里的门牌号，而且"2"代表武林路是杭州第二条路，"7"正好和整个项目共有7幢建筑物、最高7层相呼应，另外"77"有七夕之意；"皇后"则代表一种生活品质。

　　整个277皇后公园可以分为购物区、餐饮区、创意设计展示区和公共休闲区四个区域，其中购物区和餐饮区所占比重较大。走进277皇后公园，随处可以感受到四溢的浪漫和艺术气息。红色砖墙、黑色铁艺、木质窗台、玻璃橱窗，让人仿佛置身于欧洲小镇的街头。

❹ 银泰百货

　　杭州银泰百货是浙江银泰百货的第一家连锁店，位于武林广场商业中心附近的延安路530号，是一家集百货、休闲、美食于一体的大型综合性百货公司。银泰百货定位中、高档，以年轻、时尚的都市白领和新型家庭为主力客层，始终走在潮流的尖端，及时传递最新的流行资讯。

武林路商业街示意图

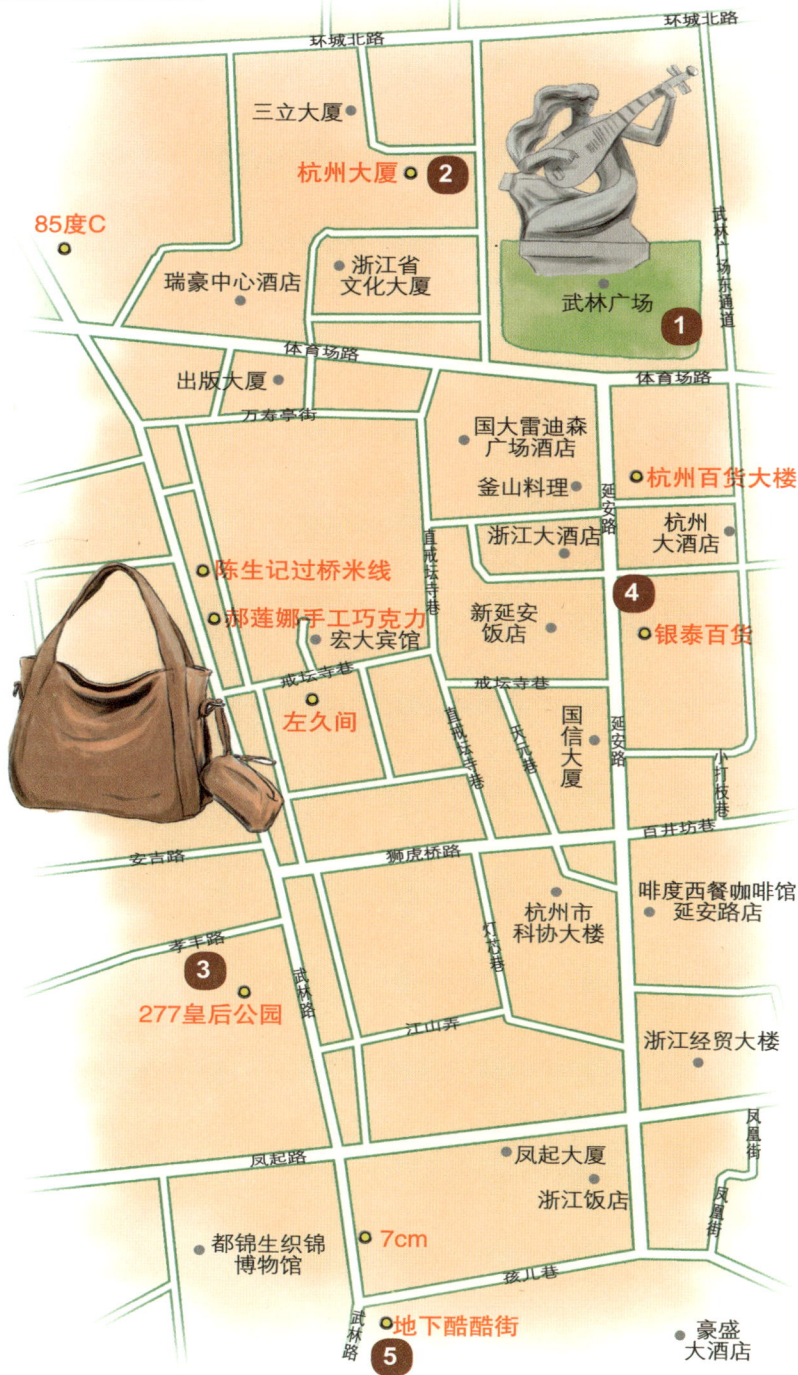

环城北路

环城北路

三立大厦

杭州大厦 2

85度C

瑞豪中心酒店

浙江省
文化大厦

武林广场 1

体育场路

出版大厦

体育场路

万寿亭街

国大雷迪森
广场酒店

杭州百货大楼

釜山料理

杭州
大酒店

浙江大酒店

陈生记过桥米线

郝莲娜手工巧克力

宏大宾馆

新延安
饭店

4

银泰百货

戒坛寺巷

左久间

戒坛寺巷

国信
大厦

安吉路

狮虎桥路

百井坊巷

啡度西餐咖啡馆
延安路店

杭州市
科协大楼

孝丰路

3

277皇后公园

武林路

江山弄

浙江经贸大楼

凤起路

凤起大厦

凤凰街

浙江饭店

都锦生织锦
博物馆

7cm

孩儿巷

武林路

地下酷酷街

5

豪盛
大酒店

⑤ 地下酷酷街

　　地下酷酷街是一条位于武林路上的地下步行街。这里有多家店铺销售各种品牌服饰、鞋类等，样式各异，品种不一，格调也各有不同，价格实惠经济，服务到位。

　　此外，地下商场还聚集了众多个性小店和流行货摊，人流众多，热闹非凡。酷酷街里面的商品应有尽有，游人不妨花上时间去淘一淘。

攻略

　　在这里可以买到很有设计感的衣服，特色鲜明的大小包包，以及风格搭调的配饰。可爱的小物件、饰品和时尚鞋子也很多，在一些设计师坐镇的店里，顾客还会得到他们的独家搭配建议。

攻 略

住宿 驴友力荐的住宿地

　　由于武林路地处繁华的市中心，且交通便利，来杭州旅游，在武林路附近选择住宿是一个不错的打算。

　　菲斯泰尔酒店：坐落在风景秀丽的西子湖畔，毗邻名胜，水、陆交通便捷。菲斯泰尔酒店客房装饰个性时尚，高贵典雅。数字电视、宽带上网、国际国内直拨、迷你酒吧等服务设施一应俱全，集商务、旅游、休闲度假于一体。

　　浙江饭店：饭店毗邻武林广场商圈，出门就是地铁1号、2号交会换乘点，交通便利。饭店中餐厅为驰名中外的百年老店"天香楼"，经营正宗地道的杭帮菜。

美食 饕餮一族新发现

　　武林路商业街是杭州著名的商圈，附近商场林立，饮食种类丰富，吃饭的场所也很多，你可以根据自己的喜好，自由选择。

　　杭三姐妹：是一家主营杭帮菜的小店，必点的菜如开背虾、生炒鱼片、宋嫂鱼羹等，味道家常又正宗。地址：武林路163号西湖D11二楼。

　　85度C：著名的面包甜点连锁店，逛街累了可以要上一杯果茶歇歇脚，也可以买份招牌的起司球或照烧小丸子边逛边吃，享尽香甜好滋味。地址：武林路470号1-2楼A区，近体育场路。

南山路文化街
杭州传统建筑林立的古道

微印象

@碧海轻纱 时隔多年重游杭州，住在南山路文化街附近，逛了文化街北山路，发现一个城市和人一样也会变老，唯一不变的是最初的那份美好，经典永远不朽。

@孤蓬夜雨 南山路是条文化街，书画店及展览比比皆是，先参观了美院边上的潘天寿纪念馆，又去了浙江美术馆，观看了西北地区画家的油画展，不虚此行。

门票和开放时间
门票：南山路免费开放，浙江美术馆、潘天寿纪念馆门票免费。
开放时间：南山路全天开放，浙江美术馆、潘天寿纪念馆周二到周日9:00~16:30开放。

进入景区交通
位置：杭州市上城区南山路。
交通：乘旅游2号线、315路公交在净寺站下可到。

景点星级

美丽★★★　休闲★★★★　特色★★★　人文★★　浪漫★★　刺激★

南山路北起湖滨路口，南至西山路口，环抱近半个西湖。沿路有花港观鱼、苏堤春晓、雷峰夕照、柳浪闻莺、净寺、钱王祠等景点，也有吴山天风、龙井问茶、虎跑梦泉、万松书院、宝石流霞等景点毗邻，还有中国丝绸博物馆、中国美术学院、浙江美术馆恒庐美术馆、潘天寿纪念馆、南山书屋、西湖天地等历史、艺术殿堂如钻石镶嵌。

依靠着西湖的秀美湖水，南山路上有中国第一家室内迷你高尔夫馆和许多世界顶级名车4S店。到了杭州而不在南山路上走一遭，实在不能体会到杭州既时尚又宁静的和谐美感。

① 浙江美术馆

浙江美术馆是一座具有现代中国风情的美术馆，个性的山形建筑从玉皇山一层层向西湖方向走低，就好像西湖边的另一座小山，和谐地融于自然山水中。玻璃与石灰石的巧妙运用，使整个美术馆浓淡相间地产生变化。不管是美术爱好者还是普通人，都可以在这里感受到浓厚的艺术氛围。

攻略

除了欣赏艺术作品，参观者也可以在靠窗的木头椅子上喝杯茶，或是在小花园里漫步一番。另外，小朋友们还可以在"儿童美术天地"里体验绘画的自由乐趣。

西湖天地　西湖大道
涌金广场
1917花园餐厅　　两岸　索菲特西湖
聚点　绿杨路
柳杨　玉玲珑
梦之湖　伊莲假日
青年旅舍
西湖春天
mixer　　南山书屋
伯昂　　潘天寿纪念馆
钱祠表忠　　中国艺院皮影艺术博物馆
恒庐美术馆
Park1999园林式酒吧　路　恒庐会馆
润缘小厨
西湖国际茶人邨　玲珑小镇
勾山里
和谐漫步　相约百分百
柳浪闻莺　哈乐淇淋屋
南　河坊街
淘咖啡
天度　太古咖啡
特吉拉爷爷
桔子水晶酒店
清波街
海底世界　J-C Fun mini Golf　四
星程景上酒店
菲乐餐厅　宜
路　小城知味
欧麦印度小厨　路
万松岭路
浙江艺术馆

南山路示意图

② 恒庐美术馆

恒庐背依吴山，面临西子湖，北邻中国美院，南接柳浪闻莺，其古朴盎然的迎街门墙历经半个多世纪的风雨，仍屹立在湖光山色之中。门楣上苍劲有力的"恒庐"二字，乃著名学者、书画家余绍宋所题。亘古不变、恒心永存之意，适为吾之经营圭臬。

恒庐致力于文化艺术事业的发展与创新，主营传统中国书画作品，亦开办艺术品（包括茶艺、茶道和茶具）的展示、鉴赏、咨询、交流、美育普及和专家讲座，每周举办的"恒庐讲堂"亦是弘扬民族文化，是振兴国粹、陶冶情操的艺术沙龙。

❸ 潘天寿纪念馆

潘天寿纪念馆是一座西式别墅，一楼是遗物陈设，二楼是国画作品展览。潘天寿先生是我国著名的国画大师，在篆刻和书法上也造诣颇深。这里是国内保存潘天寿先生作品最多的地方，参观者可以在此静心欣赏大师苍劲沉雄的画风，在一片写意的山水花鸟中体会人与自然的对话。

❹ 中国美术学院（南山校区）

中国美术学院是由教育家蔡元培在杭州西子湖畔创办的中国第一所综合性的高等学府，也是中国最早的艺术革命团体发祥地，首批国家"双一流"、世界一流学科建设高校。

在中国美术学院发展历史中，始终交叠着两条明晰的学术脉络，一条是以首任校长林风眠为代表的"兼容并蓄"的思想，一条是以潘天寿为代表的"传统出新"的思想，培养出众多艺术人才，如黄宾虹、李可染、吴冠中等艺术大家。

整个学院环境优美，在G20杭州峰会时，各国第一夫人来此参观，使其名声大震。

点赞 👍 @付小帅 学校需要凭身份证入内，校园安静且漂亮，里面氛围很好，对面是西湖，在这种优美的环境下，孕育着艺术的潜力。

⑤ 南山书屋

南山书屋是一座优雅的欧式两层小楼，这里除了美术专业书籍之外，还有很多电影、音乐、旅游、建筑等方面的图书。爱美术的人拿几本著名画家的画册，搞设计的人挑几本专业手稿……大家皆能淘到自己的心头所爱。

⑥ 西湖天地

西湖天地是西湖涌金池畔一片粉墙黛瓦的小楼，浙派民居与落地玻璃窗的组合带来优雅高贵的风情。这里有清茶美酒，有佳乐美食，还有看不尽的西湖美色，是时尚人士的聚集地。来到这里品一杯咖啡，尝一块羊排，喝一口靓汤，随便找一处都能让你在美景美食中得到无限的满足。

位于1号楼的涌金楼是西湖天地里一处不可错过的景致。它原是北宋翰林学士领受帝王赐宴的地方，清朝时改为三雅园茶楼。现在的涌金楼在传统中加入了现代感，木质结构配上大扇落地窗，室外景色尽收眼底。楼内外一律只用真丝灯笼和蜡烛古法照明，屏风和木质隔断让整个空间在光影交错中朦胧起来，配上仿古黑檀家具和雕花玻璃窗，宛若穿越时空，让赏景的人也成为一道风景。

攻略

住宿 驴友力荐的住宿地

南山路的酒店鳞次栉比，很多都比较有特色。

桔子酒店：按照国际四星级标准装修，由美国总部总设计师Amy亲自设计，挑高15米的大堂里，头顶是大片大片的天窗。走廊里装饰了全黑色的玻璃，在闪耀的灯光照射下，光源四处折射，酷感十足。客房里有很大的观景台，对面就是秀丽的西湖。地址：上城区南山路清波街122号。

五洋假日酒店：酒店坐落于充满艺术气息的南山路柳浪闻莺旁，与一湖碧水唇齿相依，与中国美院转角相遇。酒店以大面积黑白格调为基础，缀以色彩丰富的皮革制品与布艺饰物，突显干净利落的几何线条，混搭中蕴藏着各国设计师的巧思与匠心。地址：南山路清波街109号。

美食 饕餮一族新发现

南山路上遍布各种美食店，很多都是具有小资情调的餐厅。

好彩馆（南山路店）：店面装修精致，服务态度也很好。这里是吃传统杭帮菜的地方，特色菜有龙井虾仁、牛仔骨炒年糕、西湖醋鱼等。地址：上城区南山路清波街109号，五洋假日酒店1楼。

玲珑小镇：如果说玉玲珑是优雅高贵的名门闺秀，那么玲珑小镇就是一派小家碧玉的温婉可人。素雅的白色墙砖简洁明朗，半遮半掩着各个卡座，装修带着温馨亲近的风格。推荐菠萝油条虾、三杯鸡和蟹粉豆腐。地址：上城区南山路198号。

娱乐 城市魅力深体验

南山路上的酒吧比比皆是，是杭州夜晚最热闹的地方，几十家酒吧人声鼎沸，让很多时尚达人流连忘返。

Park1999园林式酒吧：这里的环境很特别，露天中庭有参天大树遮掩。设内外两个舞台，充分照顾到了室内和室外的客人。有很多歌手演绎着不同风格的歌，给客人带来不同的感受。地址：上城区南山路87号林霭漫步景区。

黄楼酒吧：是一座临湖而建的欧式小楼，环境舒适，夜晚的灯光分外璀璨。现场版的爵士乐让人十分兴奋，微醉的情调随着节奏就这样慢慢地涌上来了。地址：柳营路6号。

河坊街

闹市中的复古街

@安静处的指尖独舞 河坊街历史街区，黛瓦白墙，历历分明，风霜沉睡在屋顶零落的茅草间，世事变迁。

@金云国 到了杭州，河坊街绝对是值得一去的夜市之一。每到夜幕来临，河坊街的回春堂就成了众多游客必去之所，因为这里不但可以买到货真价实的药品，而且还有免费凉茶可以喝，每晚的凉茶都不一定是同一款，这对游客来说绝对很有吸引力。

门票和开放时间

门票：河坊街免费开放，观复古典艺术博物馆15元。

开放时间：河坊街全天开放，胡庆余堂8:30~17:00。

进入景区交通

位置：杭州市上城区南部吴山广场附近。

交通：乘坐地铁7号线在吴山广场下车，往东即到。

景点星级

美丽★★★　休闲★★★　特色★★★　人文★★★　浪漫★★　刺激★

河坊街又名清河坊，是杭州历史上最著名的街区，也是杭州目前唯一保存较完整的旧街区。

南宋时期，这里商铺林立、酒楼茶肆鳞次栉比，如今的街区经过改造，用青石板铺砌而成的步行街，路宽近10米，长约46米。临街两旁，是一幢幢经改造整修后的店铺楼，街区不仅恢复了历史上有名的老字号商铺，而且还新引进了许多新的博物馆和艺术馆，成为杭州民俗风情的集中展示地和悠久历史的缩影。

👪 亲子研学

清河坊的由来

南宋建炎三年（1129年），张俊在明州击退金兵，取得高桥大捷，晚年被奉为清河郡王，在今河坊街太平巷建有清河郡王府，因此这一带就被称为清河坊。清河坊历经元、明、清和民国时期，直至新中国成立前夕一直是杭州最繁华的商业地段。

1 胡庆余堂

胡庆余堂是我国保存最完好的一处晚清工商型古建筑群，系徽派建筑风格之典范。

古建筑面积约4000平方米，分隔为"三进"；古建筑四周，筑以高达12米的"神农式"封火墙，墙上书有"胡庆余堂国药号"七个大字，遒劲有力。如今胡庆余堂进行了全面修缮，将营业销售、传统产品加工生产、中成药发展史及胡庆余堂历史陈列三者融为一体，形成一座颇具特色的专题博物馆。

链接　南北两家国药老店

胡庆余堂于清同治十三年（1874年）由徽商"红顶商人"胡雪岩筹建。它以宋代皇家的药典为本，选用历朝历代的验方，以研制成药著称于世，它和北京的同仁堂齐名，两者并称为中国著名的南北两家国药老店。

❷ 清河坊民俗博物馆

清河坊民俗博物馆是南宋至民国时期清河坊一带众多百年老店的缩影，建筑为江南园林风格。博物馆门口有一个头戴瓜皮帽、身穿清朝服装的人物雕塑。博物馆内规模不大，但展品种类十分齐全，有做糕点用的模子、茂昌号商铺里的银壶和锡壶等实物、张小泉剪刀及20多幅清河坊民俗图。

❸ 保大参号旧址

保大参号主要经营参燕银耳等滋补品，面积200多平方米，是一幢典型的徽派商业建筑。门墙高大宽厚，气势威严逼人。里面有明敞透亮的天井、错落有致的马头墙、昂然挺立的斗拱、形象生动的三雕（木雕、砖雕、石雕），显示了徽派建筑的儒雅之美。

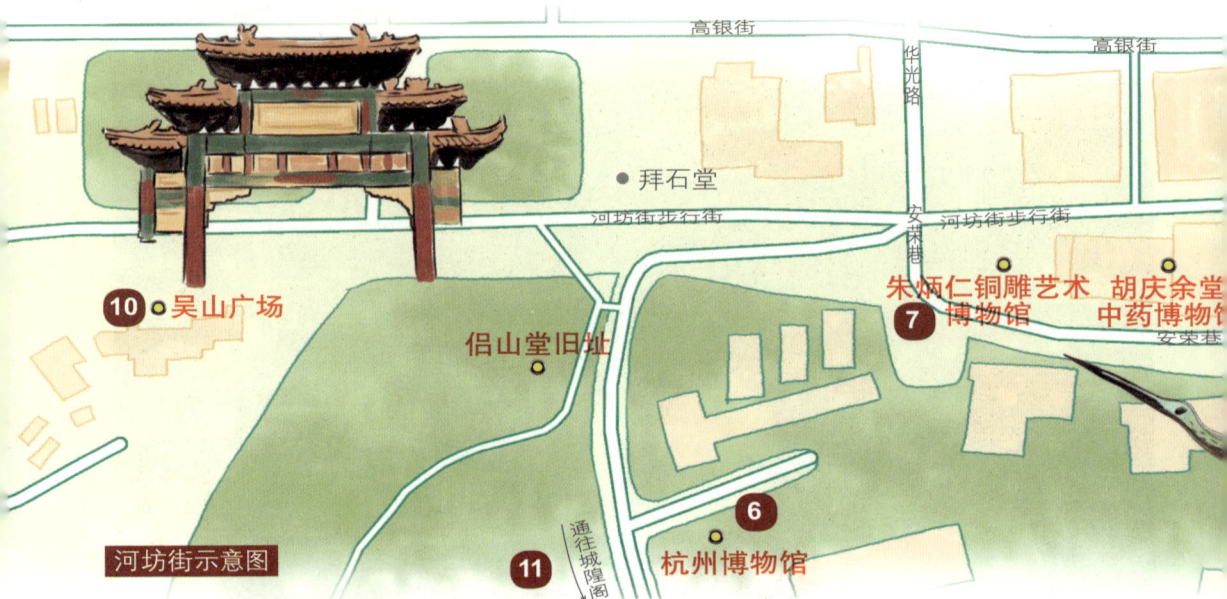

高银街

华光路

高银街

● 拜石堂

河坊街步行街

安荣巷

河坊街步行街

❿ ● 吴山广场

侣山堂旧址

朱炳仁铜雕艺术
❼ 博物馆

胡庆余堂
中药博物馆

安荣巷

❻

河坊街示意图

⓫

通往城隍阁

杭州博物馆

❹ 观复古典艺术博物馆

观复古典艺术博物馆原为清末民初杭州钱庄业的知名人物吴敬斋的宅第。博物馆面积800多平方米，由前厅博物馆和后厅观复会馆组成。前厅博物馆以展出明清古家具为主，现陈列有100余件各类家具，种类涉及门、窗、桌、椅、案、床等，主要以北方地区家具为主。后厅观复会馆则有部分家具出售。

博物馆二楼除古家具展区外还设有不定期展区，现该展区陈列有古代银器253件和各种民间工艺品等。

❺ 王星记扇庄

　　自古以来，杭州便是我国扇子的主要产地之一。檀香扇为妇女所喜用，扇起来香气随风四漾，使人心旷神怡。制作檀香扇的扇骨（不用扇面）选用上等檀香木，具有"扇存香存"的特点，不论保存八年还是十年，轻轻摇动，依然"日日花香扇底生"。 王星记所制扇子独具风格，深为官场中人所喜爱，也是进贡皇室的主要贡品之一。

故事　一把扇子半把伞

　　王星记扇庄创设于清光绪元年（1875年），经过几代人的努力，创造出传统的名扇黑纸描金扇、檀香扇。黑纸描金扇选料讲究，做工精巧，其木扇骨光洁，花纹自然，柔软而富有弹性；扇面质地棉韧细洁，色泽黑透亮。传说有一天，一位秀才拿了一把王星记制作的黑纸描金扇出游，出门时日头高照，顷刻乌云密布，一场急骤而来的雷阵雨，使人来不及躲避，秀才打开扇子遮头，不一刻，太阳又出，雷阵雨骤止。扇面虽湿透，但不见褪色，秀才把扇子放在太阳光下晒，扇子干后而不翘，就有了"一把扇子半把伞"的说法。

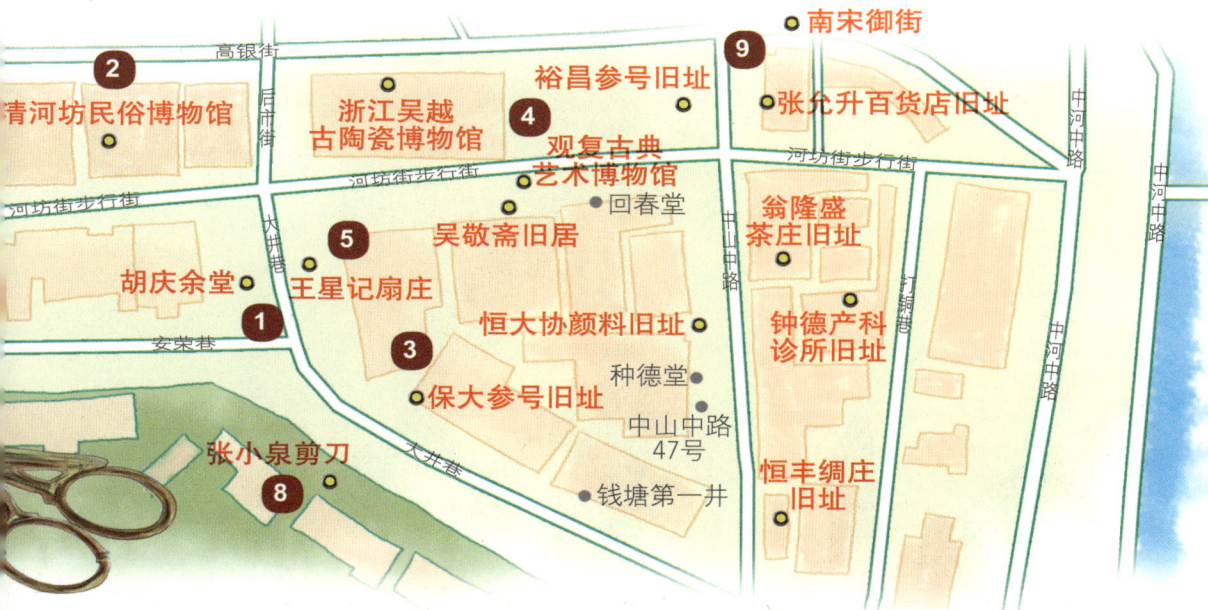

❾ 南宋御街

2 清河坊民俗博物馆

高银街

浙江吴越古陶瓷博物馆

裕昌参号旧址

张允升百货店旧址

4 观复古典艺术博物馆

河坊街步行街

回春堂

翁隆盛茶庄旧址

河坊街步行街

5 吴敬斋旧居

大井巷

胡庆余堂

王星记扇庄

恒大协颜料旧址

钟德产科诊所旧址

安荣巷

1

3

保大参号旧址

种德堂

中山中路47号

张小泉剪刀

大井巷

8

钱塘第一井

恒丰绸庄旧址

中河中路

中山中路

❻ 杭州博物馆

　　杭州博物馆坐落于吴山，与吴山广场和河坊街历史文化街区相邻，馆藏规模逾万件，涵盖了陶瓷、书画、玉石、印章、钱币、邮票等各类文物，是一座反映杭州历史变迁的人文类综合性博物馆。博物馆主要由南馆、北馆和机动展厅组成。

　　南馆是以"最忆是杭州"为主题，系统展示杭州历史发展、文脉传承、人文精神的叙事性展览；北馆主要有"邮票陈列""书画陈列""文房雅玩陈列""出土文物精品"等展览；机动展厅有点七巧板、魔方和电影《盗梦空间》的味道。

夜晚的河坊街热闹非凡，特色小吃、古玩字画、商铺云集，古典的建筑让人有种穿越时空的错觉。

⑦ 朱炳仁铜雕艺术博物馆

朱炳仁铜雕艺术博物馆是中国唯一的铜雕大宅，整体以明清时期的江南民居风格呈现，回廊穿连，铜光闪烁，古朴华贵，被誉为"江南铜屋"。

朱炳仁大师的铜雕艺术作品主要以抽象为特色，其中最为珍贵的是他制作的雷峰塔模型，其主体结构以铜为主，淋漓尽致地展现了中国古代铜的艺术风采，在博物馆中可以感受到铜书画、铜壁画和铜制佛像等。

⑧ 张小泉剪刀

杭州剪刀名扬四海是从清初的"张小泉"开始的，而"张小泉"也因此成为闻名于世的杭城"五杭"之一。杭州张小泉集团公司是国内剪刀行业中规模最大、产量最高、品种最全的剪刀生产企业。它的历史悠久，在清康熙二年（1663年），张小泉带儿子张近高来杭，在当时繁华的吴山脚下大井巷，搭棚砌灶锻打剪刀，为杭州张小泉剪刀的前身。张小泉制作剪刀手艺为家传，又采用制龙泉剑的优质钢锻打，以锋利、轻巧、耐用而出名，且式样、品种、规格也有所改进，于是生意兴旺，销路也就越来越广。

故事 曲柄剪刀的来历

传说原来的剪刀是直柄的，变成现在的曲柄还有一个故事。那是在张小泉来杭不久，大井巷内的那口"钱塘第一井"的井水变黑了，且腥臭无比。此井是大井巷一带百来户居民的生活水源，大家见此情景议论纷纷，其中一老者说，此井通钱塘江，江里有两条成精的雌雄蛇精，每十年要来此井交配产卵，今年正好是十年，要想此井永清，除非除去两蛇。这话传到张小泉耳里，他心想：我张小泉异地来杭谋生，邻里们待己不错。于是他仗着自己水性好，拿了一把打铁的大锤，准备下井杀蛇，在众邻里用雄黄酒给张小泉沐浴后，他手持大铁锤跳入井中，潜入井底，见两蛇正缠在一起，不等两蛇反应过来，便抡锤打将过去，正好打在两蛇的"七寸"处，竟把两蛇的颈脖砸得扁扁的粘在一起，除去了两条蛇精，井水立刻变清了。张小泉是个有心思的人，他见蛇尾弯曲，便有了个想法，他模仿弯曲的蛇尾，打造了一把弯柄的剪刀。的确，弯柄剪刀要比直柄剪刀使用起来更得心应手。从此以后，张小泉的剪刀都改成了弯曲柄。

⑨ 南宋御街

与河坊街相隔不远的南宋御街是杭州历史渊源最深厚、历史地位最突出的一条历史文化名街，御街由南至北，形成了一个清晰的历史文化序列，全方位地展现了杭州的历史、现在与未来。

御街上云集了众多古文物建筑，漫步御街，可寻访、体验、细细品味每一栋建筑，感受南宋百姓生活的韵味。

御街有关南宋的娱乐项目非常多。漫步其中，随时都会看到南宋的一些传统表演技艺，如南宋歌舞表演、杂技、说书、魔术、独角戏、评词表演等传统娱乐项目。表演地点有鼓楼二楼（皮影戏、评书、杂技、布袋戏等南宋瓦肆表演）、吴山广场九口井舞台（法国民族舞蹈、魔术、杂技、武术）、中山路步行区和清河坊主街（南宋市井风情会演）。

⑩ 吴山广场

吴山广场占地约8万平方米，广场正面是我国著名书法家费新我手书的"吴山天风"四个大字，广场两边各家商贩经营着珍珠、天堂伞、各类纸伞、纸、扇、古玩及各式各样的小吃。古式的建筑风格和合理的布局把吴山广场装饰得古朴典雅。

⑪ 城隍阁

城隍阁景区位于秀丽的吴山之巅。其主体建筑城隍阁炫煌富丽，融合了元、明殿宇的建筑风格，大处着眼，细处勾勒，有"进阁观八百年前杭城，登阁览江、山、湖、城全景"之称。目前景区内有城隍阁、城隍庙、大戏台等景点，是览西湖美景和休闲品味茗的绝佳去处。

城隍阁三至六楼为茶楼，茶楼布置典雅，里面的中国传统古家具点缀其间，还有江南丝竹民乐演奏及专业的茶艺表演，是赏月、观茶、品茗的绝佳之处。

Follow Me 杭州深度游
攻略

美食 饕餮一族新发现

　　河坊街是一条复古街，还是一条小吃街，这里的小吃五花八门，有辣兔头、麻辣小龙虾、嘉兴粽子、羊肉串、臭豆腐、小笼包子、南宋的定胜糕等。此外，这里还云集了很多老字号商铺。

　　万隆火腿庄：是一家有近140年历史的百年老店，以经营金华火腿为主，兼营一些南北货和腌腊制品。

　　定胜糕小店：定胜糕可谓是一种"化石"级的小吃，其颜色为淡红，松软香糯，带有甜甜的豆沙味。此外，这里还能吃到吴山酥油饼。

购物 又玩又买嗨翻天

　　河坊街是全新意义上的"购物天堂"，从丝绸茶叶到古玩玉器，从迪士尼纪念品到草编动物玩偶，从红色窗花到十字绣，这里集结了或中西、或传统、或新式的各种商品。

　　博艺轩：创于1983年，主营名人字画、书法篆刻、字画装裱、文房四宝、高档画框等。

　　王星记：迄今已有近150年历史，以制造纸扇闻名于天下。曾作为进献皇室的贡品，冠以"贡扇"之誉，其中以黑纸扇和檀香扇最为出名。王星记的纸扇做工十分考究，与丝绸、龙井茶齐名，被誉为"杭产三绝"而名扬天下。

娱乐 城市魅力深体验

　　河坊街会经常上演各种精彩的表演节目，在每年的艺人节或购物节则更加隆重，有民间吆喝、快板、说书、茶技表演（太极茶道）、观蚕茧抽丝、古典乐器欣赏、捏面人、刺绣表演、葫芦烙画、魔术表演、葫芦丝表演等。

　　河坊街还会不定期地仿照古代开展各种仪式表演，如开街仪式（鸣锣开道、货郎入市）、巡街仪式等。

小河直街历史街区

生态幽美的河边小街

@低调的布丁 小河直街，人少安静，随便晃晃，感觉很舒服。

@浙理工科艺筑梦团队 在小河直街历史文化街区里走走停停，小河直街对杭城具有十分深远的文化意义，希望小河越来越美！

门票和开放时间

门票：免费。

开放时间：全天开放。

进入景区交通

位置：杭州市拱墅区。

交通：市内搭乘76、132、333路公交在长征桥站下可到。

景点星级

人文★★★　特色★★★　美丽★★　休闲★★　浪漫★★　刺激★

小河直街历史文化街区位于杭州市北部，地处京杭大运河、小河、余杭塘河三河交汇处。街区以小河直街为中心，保存了沿运河、小河分布的民居和航运设施的整体风貌和空间特征，是杭州市历史文化街区中传统风貌较为完整的街区之一。

街区集中反映了清末民国初期城市居民的居住文化生活、生产劳动文化和运河航运文化，是一条以保持传统居住和商住功能为主，延续杭州地方传统特色文化、展示运河航运文化，集商住、居住、休闲功能为一体的历史文化街区。

链接　小河直街的历史

早在南宋时期，小河地区就是物资集散地，河、陆转运地，以及物资储备地。明末清初，河埠码头出现了勃勃生机。到了清代的中晚期，这里开始发展餐饮业、茶点业、百货业等，这一阶段的小河直街所留存下来的传统民居建筑和商铺建筑是最重要的历史文化元素，现存的街巷为民国改建。小河民居作为典型的水乡民居，标志着杭州这座文化名城的历史信息和生活情趣。

1　柔软时光咖啡馆

柔软时光咖啡馆直到午夜才打烊，店门口刷成幽蓝的招牌有一种矿石的硬度，让"柔软时光"多了些与众不同的风情。这里的特色食品主要有盆景奶茶、巴黎香榭、意式摩卡等。

走进店内，仔细去观察这里的细节，可以看到许多沉浸在过去时光里的小风景，有小时候常见的铁皮蛙，也有过去的仕女广告画；天花板上悬挂的不仅有油纸伞，还有一匹色彩斑斓刚织了开头的挂帘。品一口薰衣草奶茶，香气从口中弥散到全身。而鸡尾酒则出乎意料的浓烈，一杯下去，有些微醺。

2　云水谣主题餐厅

云水谣主题餐厅是一家兼营杭帮菜和云南菜的餐厅。这里云南风味的特色菜多种多样。水果塔是由新鲜的水果用蛋筒包裹着，外皮酥脆，水果清甜；用茉莉花代替传统的香葱做的煎蛋；来自云南的蕨耙，与腊肉一起炒制，营养丰富，口感独特。餐厅还推出鲜花群英汇，用花来做菜，颇具特色，热爱美食就一定不能错过了。同时，餐厅环境优雅，临窗而坐可见小桥流水。

3　大关老桥头面馆

大关老桥头面馆原是杭州一家名气很旺的板凳面馆，新面馆店面约100平方米，楼上楼下有十来张桌子。

　　面馆每天限时营业，每天12:30就打烊，所以想吃得趁早。新店开张后走的还是亲民路线，招牌的有大排面、排骨面、片儿川、猪肝面。大关老桥头面馆的面条比较粗，汤头很鲜，大排面中大排有两块，相当实在。

小河直街示意图

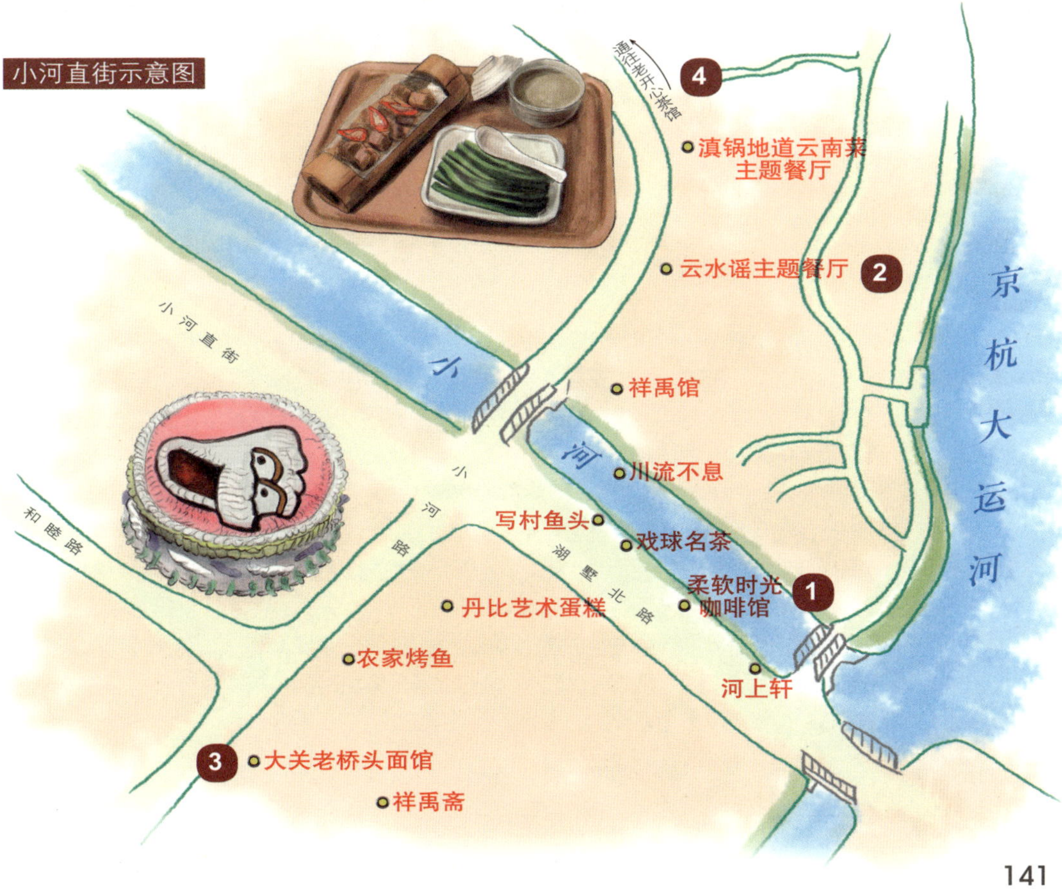

小河直街

小河

和睦路

小河路

湖墅北路

惠住老开心旅馆

4

滇锅地道云南菜
主题餐厅

云水谣主题餐厅　2

祥禹馆

川流不息

写村鱼头

戏球名茶

柔软时光
咖啡馆　1

丹比艺术蛋糕

农家烤鱼

河上轩

3　大关老桥头面馆

祥禹斋

京杭大运河

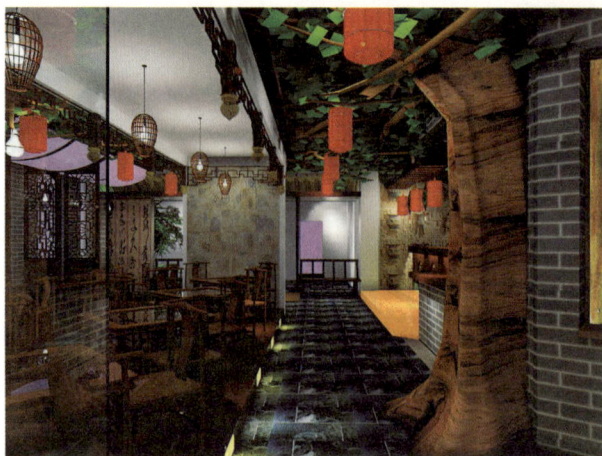

❹ 老开心茶馆

老开心茶馆坐落于拱墅区小河路吉祥寺弄1号的一家茶座，摒弃了闹嚷的繁复，茶馆宁谧闲适。

茶馆以书场为主打，引进杭州小热昏、杭州评话等民间非物质文化遗产曲艺艺术表演，同时融入茶馆七大主题——"琴棋书画医酒茶"，搭建起一个大型开放式舞台，聚集了各界文人雅士，使茶道、书画艺术等真正成为人们精神上的一种享受。茶馆接受茶友预约举办寿宴、商务聚会，此外还兼营高端艺术品、古玩、茶具等，为人们在闲暇之余提供了一个修身养性、聚会小憩的好去处。此外，这里还开设了小热昏、快板、古筝、竹笛、古琴等培训班，能让更多的人学习到中国的传统文化。

攻略

老开心茶馆会定期举办各种学术讲座、茶艺培训等文化艺术活动，还设有周六"聚/剧"专场，不定期举办民间艺术爱好者交流会、组织曲艺社团专场会动、开设明星签售会、播放怀旧电影等。

攻 略

娱乐 城市魅力深体验

来杭州旅游，时间宽松的话，一定要来小河直街历史文化街逛逛，走这里的青石板路，领略建筑的古风神韵。小河直街虽然不长，但非常有特色，狭窄的石板街两边，林立的店铺依水而建，时不时地还有小船划过。拱宸桥就近在眼前，经历了历史变迁的小桥，婉约的框架在河面上，江南水乡的风韵在这里一一展现。

江南风光的细腻秀丽让这里的河水也变得悠扬起来，在小河直街上，游人可以在码头坐船，也可以在自行车租赁点租车，不论在船上或路上都能体验古老的大运河给人的宁静祥和的美。小河直街最美的风光在傍晚，两岸的灯，一串串的红灯笼，灯光映照在河水中，很有怀旧的韵味，让人一下子就回到了历史中的江南。

很多民间艺术爱好者在这条古色古香的小街上吹拉弹唱、剪纸、写字。这里还是新人拍摄婚纱照的好去处。红灯笼，八仙桌，红白相间的伞下，漂亮的西式高靠背椅子点缀在小河两岸，绵绵优雅的评弹声从茶馆里传出，令人听了流连忘返。

丝联166创意产业园

超文艺的工业遗产

微印象

@陈小贝 丝联166创意产业园是杭州自己的"798"。进去的第一感觉是:哇,里面的人都是搞艺术的!

@612星球的小王子 由原杭州丝绸印染联合厂改造而成的丝联166创意产业园是一个很有视觉感受的天地,适合在阳光午后拿着相机捕捉些自我的东西。那里有咖啡吧,有办公场地,都很有个性。

门票和开放时间

门票:免费。

开放时间:全天开放。

进入景区交通

位置:杭州市拱墅区丽水路166号。

交通:

1.公交车:乘坐65、94、513路等公交在老杭丝联站下车即到文创园东门。

2.自驾车:沿丽水路往前走,到十字路口左拐,不要上桥,桥下左拐至金华路锦昌文华小区。丝联166创意园就在对面,创意园内可以免费停车。

景点星级

人文 ★★★★   特色 ★★★   美丽 ★★   休闲 ★★   浪漫 ★★   刺激 ★

丝联166创意产业园的前身是20世纪50年代的杭州丝绸印染联合厂，现在逐渐改造成一个集创意、商业和娱乐于一体的先锋地。这里聚集着杭州最前沿的设计师和艺术家，入驻有吉伽提东南亚家私、张大鹏摄影工作室、观堂室内设计、续构设计工作室、蜜桃咖啡馆等各色创意机构。

园区主要分为创意工作区、创意展示区、中心广场、休闲娱乐区。创意工作区为创意企业及个人开辟专区，是一个恣意挥洒才华的个性空间。创意展示区主要用于创作、展示及交易的区域。中心广场是一个充满意境及情调的地方，游人及创意人士可以一边观鱼赏竹，一边交谈沟通。休闲娱乐区是以咖啡厅、品茶室为主的区域，为创意人士提供一个休闲、娱乐、交流的空间。

> **点赞**
>
> 👍 @西湖一哥 这是一家老工厂的意识转型，也是一个旧企业的华丽转身，是我们时代的缩影，也是未来的希望。锯齿状厂房、砂轮机、巨型排风扇、老式缫丝机……如今转变成了创意，演绎成了时尚。
>
> 👍 @二货小黑野 "高高兴兴上班来 平平安安回家去"，曾经随处可见的标语很普通，却是一种精神状态。杭州丝绸印染联合厂留下了一个时代的印记，如今它以另一种姿态引得游人无数。

❶ 吉伽提东南亚家私

这里的物品都是店家吴先生不远千里从东南亚亲自淘来的，每年他都会花一段时间在马来西亚和印度尼西亚那一带的村落里，淘换遗留下的宝贝。这些材质花纹都是很特别的家私，既做展示，也对外出售。

❷ 张大鹏摄影工作室

工作室下层只见一堵白色的高墙，原来上层的阁楼才是它的小天地。四周均是以白色为主的色调，简简单单只有一个大工作台和一张床。张大鹏拍的人像作品在圈内很受好评，他善于抓住人物瞬间的神韵。

③ 观堂室内设计

观堂室内设计是第一家进驻丝联166的，总设计师张健擅长用令人意想不到的材料做出非常漂亮的效果，作品环保时尚又别具一格，创业园里有名的蜜桃咖啡馆中那张著名的拼接长桌就出自他之手。

点赞 👍 @翁蝶蝶 设计师、摄影师、广告人、音乐人同时发力，集体亮相，已经把这块将要被人遗忘的老厂区变成了时下杭州炙手可热的时尚地标。

④ 续构设计工作室

由于创意园区没有刻板的办公室格局，工作室的布置大都讲究个性。最特别的当属工业设计师汪浩与拍档裴航的续构设计，大门像是与墙壁混为一体，上面虽写着"续构"两个大字，但仍很难分辨哪一堵才是门。不仅如此，在丝联166，艺术工作室都是敞开的，无论是独具匠心的产品设计，还是角度独特的摄影作品，都能让人感受到创意的洗礼。

攻 略

美食 饕餮一族新发现

蜜桃咖啡馆：一进园区就可看见这座绿荫中的白色房子，这里原本是丝绸厂的中央湿度温度调节室，在设计师和艺术家的联袂打造下，现在已经是杭州最有名气的时尚咖啡馆。晚上，这里有时有创意人的设计新品发布会或是讨论沙龙，时常还会有一些歌手来办小众音乐会。这里除了有悠闲的气氛与好喝的咖啡外，西餐也非常新鲜好吃。推荐蜜桃特制鸡翅、木瓜鲜虾色拉和蘑菇汤。

青桃餐厅：蜜桃咖啡的姊妹店，以中餐为主，大部分食材取自老板在富阳了岸村包下的农场。有机食材和民间私房配方的组合，让菜品具有自然本味。推荐青桃扣肉、时蔬锅仔和石榴汁。

娱乐 城市魅力深体验

丝联166是有着60多年历史的老厂房，建筑造型雄伟气派，是浙江为数不多的保存完好的工业建筑。这里有着特别的苏式结构设计和一种无法复制的沧桑感，与其内部的先锋艺术相映成趣。

产业园入口处是低矮的廊道区，灰白色的墙面斑斑驳驳，历史的沧桑感迎面袭来。走出廊道，却是一派阳光明媚的开阔空间，包豪斯风格的建筑每一层都有5~7米高，大片绿树营造出花园才有的舒心氛围。阳光绿树白房子的搭配，让人觉得心旷神怡，也十分适合摄影拍照。

第 4 章

杭州
近郊

湘湖

杭州乐园

东方文化园

双溪竹海漂流

山沟沟

良渚古城

超山

杭州深度游
Follow Me
慢旅行的伴导书

湘湖

西湖的"姊妹湖"

@来叨叨 夏日的湘湖，接天莲叶，映日荷花。湘湖荷花与湘湖深厚的历史文化底蕴结合，让前来赏荷观景的朋友享受人文与自然的双重胜景。

@吴越小蛮 最节能的七夕过节方式，就是手牵手傍晚时分漫步于湘湖！在湘湖看夜景，数星星，看音乐喷泉，感受比满天烟花更璀璨的浪漫。

门票和开放时间

门票：湘湖免费，全天开放。湘湖景区环湖游船60元/人，极地海洋公园350元。

开放时间：9:00~17:00。

最佳旅游时间

四季皆宜，秋季最佳。无论春夏秋冬，湘湖夜月都是十分迷人，尤以秋夜为最。

进入景区交通

位置：萧山区湘湖路132号。

交通：

1.地铁：乘坐地铁1号线至湘湖站下车即到。

2.公交：乘坐707路公交可到跨湖桥遗址博物馆。

3.自驾车：杭州绕城高速—下沙钱江大桥—杭金衢萧山东出口—金城路—风情大道—湘湖。

景点星级

美丽★★★ 休闲★★★ 特色★★★ 人文★★ 浪漫★★ 刺激★

湘湖是浙江文明的发源地，度假区在湘湖的基础上建立，以风景秀丽而被评为"中国休闲旅游最佳目的地"。"两岸好山青嶂列，一泓新水绿罗铺"是它的真实写照。度假区以历史文化湘湖、自然生态湘湖、休闲度假湘湖为基础，集湖光山色为一体，历史积淀深厚，人文景观丰富，已形成8个景区、30余个景点，成为集观光、休闲、度假的最佳选择。

❶ 跨湖桥景区

跨湖桥景区由跨湖桥、金沙滩、燕尔园和荷花庄等景点组成，拥有跨湖桥文化、吴越文化、湖田水利文化、诗词文化等，是国内首个融入自然山水间的户外实景文化博物馆。

跨湖桥，始建于明嘉靖三十三年（1554年），将湘湖分为上湘湖和下湘湖。2007年重建，桥面长约89米，桥高约6.5米，造型大气壮美。跨湖桥是浙江文明的发祥地，跨湖桥文化是比河姆渡文化、良渚文化更早的浙江考古文化，在2001年被评为"中国十大考古新发现"。

金沙滩位于湘湖外围浅水浴场，占地约5000平方米。在这里，游客可以带着孩子玩沙戏水，充分体验回归大自然的趣味。

燕尔园地处湘湖景区跨湖桥北侧，是萧山首个婚庆旅游景点，可提供婚嫁用品用具展售、传统中式婚礼展示演绎、婚纱摄影摄像等服务。

荷花庄位于跨湖桥东侧，以夏季观景最为壮丽，亭台桥阁古朴典雅，碧叶婆娑莲荷曼舞，格调清新、质朴，具有浓郁的江南水乡风情。

👪 亲子研学

中华第一舟

1990年，人们在跨湖桥附近发现了属于新石器时代的遗址，出土了陶器、木器、骨器、石器等大量文物，其中一艘距今约8000年的独木舟，为迄今世界发现最早的独木舟，被誉为"中华第一舟"。

攻略　跨湖夜月

"跨湖夜月"为古湘湖八景之一，位于湘湖跨湖桥一带。跨湖桥，虹卧波，桥北湖畔有跨湖夜月亭，为观赏跨湖夜月最佳处。每当皓月当空跨湖而来，平湖映月，银光闪烁，其景令人心旷神怡，流连忘返。

❷ 城山景区

城山景区由登山游步道和城山两大景点组成。

湘湖登山游步道是越王城山保护工程的一部分，可由象山船坞入口登上，盘行象山、大毛坞、龙舌嘴、城山等处，其间有亭台楼阁可供休憩，绿树掩映，奇石兀立，是拥览湘湖全景的绝佳去处。

城山素有"周朝胜迹，越代名山"之称，为越王勾践屯兵之地。现有城山怀古坊、临水祖道亭、维甲令石刻、范蠡点将台、越王城遗址、勾践祠、洗马池、佛眼泉等遗迹。

❸ 湖上景区

湖上景区由掬星岛、越堤、湘堤、梦湖桥等景点组成。

掬星岛是湘湖的湖心岛，岛上建有纪念湘湖杰出学者周易藻的小屋——"辛庐"。越堤为湘湖中面对城山的湖堤，横跨湘湖，为纪念越王勾践而建。湘堤是湘湖的围湖堤，蜿蜒近千米，堤上有拥岚、望湖、引鹭、迎柳、枕流等6座不同风格的画桥。梦湖桥为仿古圆拱石桥，桥面高耸，站立在桥上，如屹立在千顷烟波之上，湖光山色尽收眼底。

攻略

湘湖每年夏季都有乘船夜游活动。游船包括电动力画舫和摇橹船两种，其营运时间为18:00~21:00（6~10月）。乘坐画舫泛舟夜晚的湘湖，别有一番风味。

👪 亲子研学

周易藻

周易藻（1864—1936年），晚清举人，仕途坎坷，1921年在湘湖缸窑湾自建"辛庐"，倾情研究湘湖，编成《萧山湘湖志》9卷，翔实地记录了自北宋以来湘湖的历史，对今天湘湖的重建和历史文化的挖掘功不可没。

金沙滩
跨湖
❶
湖山广
湖山广场船
老虎洞山
双翼亭
湖上湘
抹云轩
青浦问莼
清虚轩
老虎洞游客服务中心
青山张码头
政和桥
盈盈谢
石岩山船埠
天开图画阁
湘湖路
眉山船埠

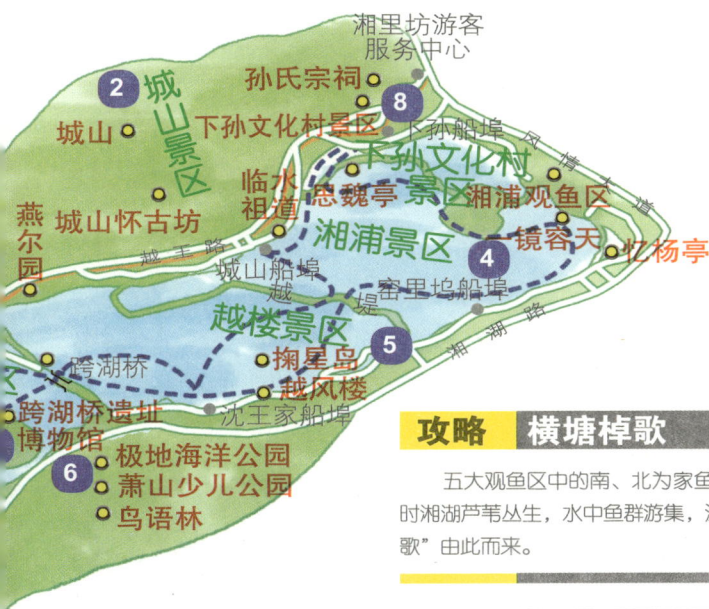

湘湖示意图

湘里坊游客服务中心

② 城山景区
城山
孙氏宗祠
⑧
下孙文化村景区
下孙船埠
燕尔园
城山怀古坊
临水祖道
下孙文化村景区
思魏亭
湘浦景区
湘浦观鱼区
一镜容天
忆杨亭
城山船埠
窑里坞船埠
越堤
湘堤
湘湖路
越楼景区
④
跨湖桥
掬星岛
越风楼
⑤
沈王家船埠
跨湖桥遗址博物馆
极地海洋公园
⑥
萧山少儿公园
鸟语林

食广场

④ 湘浦景区

湘浦景区由忆杨亭、思魏亭、"一镜容天"亭和观鱼区等景点组成。

忆杨亭为纪念北宋名臣、理学家杨时而建；思魏亭为纪念明朝吏部尚书魏骥而建；"一镜容天"亭气势雄伟，伫立于亭榭之中，举首西望，湘湖水面，恰如荧光熠熠的巨大明镜；观鱼区位于湘湖东南之滨，建筑颇具江南古典园林风格，分土步鱼池、南北家鱼池、中西红鱼池等五大观鱼区。

攻略　横塘棹歌

五大观鱼区中的南、北为家鱼池，放养芙蓉鲫鱼、青鱼、鲢鱼和鳙鱼。古时湘湖芦苇丛生，水中鱼群游集，渔家高唱渔歌，举棹而归，湘湖八景"横塘棹歌"由此而来。

⑤ 越楼景区

越楼景区由纤道和越风楼构成。纤道是古代常见的一种由桥路结合的青石通道，供纤夫挽船行走。它和湘堤、越堤及堤上的十多座仿古石桥一起，生动地展示了湘湖的历史风貌。

越风楼依水而建，建筑面积约750平方米，为木石结构庭院式仿古建筑。内有大厅和10个包厢，外设凉棚茶座并提供餐饮服务。

⑥ 极地海洋公园

极地海洋公园总建筑面积约为15万平方米，是一个以海洋生物文化展示为中心，以保护自然生态环境为出发点，集观光和休闲于一体的综合性海洋公园。公园主要有海洋主展馆、海兽表演馆、海洋馆配套服务中心、青少年体验馆等构成。另外，游客可以在景区的鲸豚剧场、海底学堂、海狮剧场观赏到精彩的动物表演。

景区还有遨游海底、雨林探秘和极地体验三大游乐项目。遨游海底项目可以让游客置身于湛蓝的海水之中，穿越长达数十米的海底观光隧道，还有魔鬼鱼、牛鼻鲼与巨鲨等海洋鱼类在身边穿梭而过。雨林探秘项目通过实景模拟亚马孙雨林、非洲赤道雨林和加勒曼丹雨林等各色雨林奇观。极地体验项目中可以近距离地观察难得一见的极地动物，感受不一样的动物天地。

点赞　👍 @莱斯张 外面太热，就去极地海洋公园，白雪皑皑的极地王国，北极熊、南极企鹅近在眼前；大大小小的海洋世界里，各种海洋生物欢乐畅游。

❼ 跨湖桥遗址博物馆

跨湖桥遗址博物馆是一座综合反映跨湖桥遗址考古发掘和研究成果的专题性博物馆，展陈区域由"八千年回首"主题陈列和遗址保护厅组成，建筑总体以船为造型，设陈列厅、遗址厅和引进项目厅，其展览除了"世界第一舟"的独木舟外，还有世界上最早的漆弓、中国最早的"草药罐"、长江下游地区最早的彩陶等诸多珍贵文物。

❽ 下孙文化村景区

文化村总建筑面积约7000平方米，建有湘湖文化展览馆、孙氏宗祠、湘湖美术馆、湘溢楼、春茗楼、古玩街等区块。

湘湖文化展览馆设有序厅、历史厅、风光厅、物产厅、传统工艺厅、文献厅、民国物品厅、湘湖民居等展区，集中展示了湘湖悠久的历史面貌和深厚的民俗文化，重现了湘湖的风土人情。孙氏宗祠始建于明朝嘉靖年间，因战乱频繁而荒废。2009年湘湖景区重建了孙氏宗祠，气势雄伟。

攻略

住宿 驴友力荐的住宿地

度假区周围聚集了不少酒店，可以在游览之余享受酒店提供的各种温馨服务。

开元名都大酒店：五星级，以47层近220米的高度耸立于天宇，为杭州第一楼。酒店拥有四季轩中餐厅、国风堂包厢群、地中海咖啡厅、梦迪西诺扒房、伊万里川日本餐厅等多个风格不同的餐饮区域。

杭州湘湖小隐酒店：酒店坐拥一线湖景和自然花海美景，客人可选择贺公堤徒步游，亦可选择草坪放风筝、环湖骑行、摇橹游船观光，或到杭州极地海洋公园游玩，欣赏湘湖水景秀。

美食 饕餮一族新发现

湘湖渔村：坐落于城山东南湖畔，背山面湖，为二层酒楼，建筑面积1000余平方米。设有多个包厢、两个大厅并有廊下临水茶座，歇息其中，既能饱览湖光山色，又能品尝新鲜美味，其乐无穷。

湘溢楼：下辖湘溢酒楼、哈里欧咖啡及高尔夫球场，酒楼主营杭帮菜、萧山本地菜和新派粤菜，以钱塘江水产和湘湖特产为特色，让人在湖光山色中尽享美食，体会休闲。

西苑掬星岛：是萧山区唯一一家水山餐厅，远近闻名，与越风楼相邻而居，曾多次接待过重要宾客及知名明星。

娱乐 城市魅力深体验

度假区里出售的特产种类繁多，比较有名的有萧山萝卜干、湘湖杨梅、湘湖龙井、土步鱼、免贡樱桃、湘湖藕、水红菱、湘湖莼菜等，可以在景区的购物商店购买。

在极地海洋公园可以购买到来自世界三大雨林、澳大利亚大堡礁等各类生物的海洋纪念品和活体海洋宠物。

杭州乐园

在现实和梦幻里穿梭的乐园

微印象

@豆大爷 去的时候是夏天，买了个甜筒，边吃边逛，看着周围人们玩闹尖叫，好有园游会的感觉。现在回想起来脑海中都满是夏天空气中甜到发腻的气味，好想再去！

@秋雨千寻 万圣节的时候去那边，发现真的得早起，然后等到一开放就往里冲，游人比较多，很多热门的设施都需要排队等半个小时以上，过山车和大摆锤超级推荐，喜欢的女生们可以放肆地尖叫。除了游乐设施还有脸部彩绘和商品街，去的时候最好是自带干粮，这里小饭店的东西比较贵，味道一般，零食倒是可以买来尝尝。

门票和开放时间

门票：190元（部分项目需要另外购票）。

开放时间：周一至周五10:00~17:00，周六、周日9:30~17:00。

最佳旅游时间

春夏秋皆宜，尤以夏季最佳，在夏季可以体验畅快淋漓的水公园项目。

进入景区交通

位置：萧山区风情大道2555号。

交通：乘坐地铁1号线至湘湖站下车后步行可到。也可乘712、2094路公交在杭州乐园北广场站下车。

景点星级

刺激★★★★★　特色★★★★　休闲★★★　浪漫★★★　美丽★★★　人文★★

　　杭州，除了满目精致的山水景观、安逸祥和的人文园林，还有一些激情活力的地方，位于休博园内的杭州乐园就是这样一个刺激欢乐的场所。

　　杭州乐园是长三角地区最具特色的综合性主题公园之一，由玛雅部落、冒险岛、失落丛林、童话王国、杭州乐园水公园、吴越古城、吴越千古情大剧院等特色区块组成，拥有悬挂过山车、雨神之锤、风神之手、雷神怒吼、穿越云霄等数十项顶级游乐。乐园里一年四季活动不断，如花痴节、肚兜节、面具节等主题活动。

❶ 童话王国

　　童话王国是一个属于孩子的天堂，这是一个充满了无限惊喜、好奇和迷恋的美妙世界。

　　旋转木马在粉色的空气中前进，音乐船航行走在漂浮着音符的河流，青葱树林里的果虫滑车吱呀爬行，还有美丽的白雪公主和爱丽丝梦游的仙境等。

　　童话王国所有的房子外观设计成卡通模样，休息区里有小青蛙、小白兔等动物陪伴，人群中时不时会出现巧虎、功夫熊猫、小丑等小朋友熟悉的卡通造型，能让儿童一起玩耍。游乐项目有双层转马、母子观览车、音乐船、小激流勇进、梦幻木场、弹跳小汽车、虫虫特攻队、桑巴气球、碰碰车、泡泡球等。

❷ 玛雅部落

　　玛雅部落有高崖、古墙、石刻、神殿，以热带雨林的风貌迎接游客，让游客体验一种如同探险家的惊险感受。

　　这里的大型项目以惊险和刺激为特点，悬挂过山车从仿佛2000多年前的玛雅丛林中飞驰而来，引来人们的无数尖叫。雨神之锤、风神之手、雷神怒吼，这些充满神秘色彩和刺激感官体验的大型项目一定不会让喜爱冒险的人失望。

> **点赞** 👍 @用户11804 跟朋友去了一趟，光是悬挂过山车我们就坐了8遍，直到朋友受不了为止。这个新的悬挂过山车最大的特点就是急速扭转非常频繁，动作幅度也大很多，从最高点一路俯冲下去的时候不禁想起在上海欢乐谷玩的绝顶雄风。几乎就是不带刹车直对地面，非常刺激。

❸ 冒险岛

　　冒险岛是一个惊险跌宕的冒险岛屿。这里最惊险的游乐项目是韩剧中出境率最高、让爱人之间爆发温馨浪漫的片段的双海盗船。冒险岛的双海盗船能同时容纳240人，当海盗船启动，会160度上下摆动，风在耳边呼啸，众人一起狂叫。

> **点赞** 👍 @孤独的神 一路上都是尖叫声。看到有对情侣还把脸上抹了油彩坐在上面，那个叫人羡慕，其实找个女朋友一起来坐还是很温馨的。当时肯定会尖叫到不行，但是事后想想，人这辈子又能"疯"多长时间呢，特别是跟自己喜欢的人在一块。

❹ 失落丛林

失落丛林是一个以"一片隐藏在自然深处的神秘丛林"为主题的园区。

高高伫立在丛林中心的跳伞塔缓缓升降，整个丛林仿佛被注入了无限活力。景区的穿越云霄项目让人沿着竖直的力道轨道，做上升、下降和连贯的跳跃运动，感受到忽而冲入云霄、忽而飞流直下，超重与失重的快感。挑战游人的心脏承受能力，让肾上腺素直线飙升。在这里，你还有机会搭上激流勇进的小船，颠簸过潮湿黑暗的甬道，从惊心动魄的高空体验逃生般的感受。

游乐项目

激流勇进、穿越云霄、猴子跳、丛林舞会、跳伞塔、丛林秋千、风火轮、丛林迷旋、幽灵鬼船、缆车、猴子学校、摊位游戏（需收费）。

点赞 👍 @joycewoo 周五来的，排队的状况还算可以。惊险刺激的项目玩了个遍，里面有个幽灵船，其实就是鬼屋，应该让工作人员去扮一下真鬼，这样更有意思。

❺ 水公园

杭州乐园水公园是华东地区最大最具特色的水上乐园，拥有30000平方米超大规模的水世界，6000平方米的巨型冲浪池。

在这里，可以体验极限加速度的太阳神毯六环滑道、从15米高空俯冲而下的180度月亮坡滑道，感受神秘跨湖

桥文化的漂流河等数十项国内首屈一指的超级水上游乐项目。

另外，山坡滑梯、海螺滑梯、苹果屋、喷水跷跷板、欢乐水枪、动感水炮，再加上乌龟、水母、章鱼、蘑菇等各种造型的喷水游乐项目，全新的水公园亲子嬉水区已成为全家人的"欢乐国度"。

点赞 👍 @麦嘟兔 我们是周末去的，光排队就花去了四分之三的时间，很不合算，水公园可以玩到很晚，在水里游泳，天上的月亮倒映在水里很漂亮，水公园上面有蹦极，要另外收费100元。

❻ 吴越古城

10000平方米建筑面积、300米长的春秋古街，真实再现了2500年前的历史风貌，鲜活的吴越文化展现在人们面前。古色古香的建筑中透着浓浓的吴越文化氛围，城内的古代互动游乐让你远离喧嚣的都市生活，体验古人的风雅乐事。游走在城内，瞧瞧手工艺，品尝美食，岂不快哉！

古城内的西施庙和范蠡庙，是越国后人们对他们牺牲精神的颂扬。而越王庙里的勾践像，让人们仿佛可以看见当年勾践"卧薪尝胆"之复国雄心。

点赞 👍 @礼拜四 首先我想说，萧山区的出租车起步价真心便宜。没有欢乐谷的刺激，但是这里面的鬼屋真心吓人，在吴越古城里面，没有真人的都吓死我了。幽灵船里的鬼屋不吓人，但是突然会有真人走过来。

❼ 恐怖马戏船

这是一个大型沉浸式互动项目。说是船，其实更像是一个密室。每个走入船中的游戏参与者，在这种密闭的空间里都会充斥着紧张，对即将发生的场景既存在期待，又带着恐惧。整个场景包括三条不同的主线，跟着团长，一起愤怒地去寻找"凶手"，你紧绷的神经会在跌宕起伏的剧情中得到释放，在恐惧中战胜自我。由于情节过于紧张，这个项目只允许身高140厘米以上的人参与。

小贴士

乐园内还有"彩色狂欢大巡游""神奇的腹语""彩色快闪趴""彩色驿站""玛雅风情秀""奇迹魔法"等精彩演艺秀。

攻 略

住宿 驴友力荐的住宿地

　　杭州乐园旁边，有着和乐园同样是宋城股份旗下的五星级酒店——第一世界大酒店，这是一座东南亚热带雨林主题酒店和国家金叶级绿色旅游饭店，同时也是中国最具竞争力的会议度假酒店之一。游玩一天可以入住放松，体验一下东南亚风情。

美食 饕餮一族新发现

　　乐园中有吴越古城特色小区，这里有很多特色小吃店。此外，杭州第一世界大酒店也在这里，汇聚了新派粤菜、川菜、杭帮菜等各地美食，还提供风格浓郁的东南亚特色菜肴。

购物 又玩又买嗨翻天

　　乐园内有两个购物点，分别是玛雅集市和吴越古城。相比较而言，前者多是一些时尚的纪念品，如创意工艺饰品、动漫制品、DIY工艺品、毛绒玩具及一些模型之类，后者则是一些较文艺性的艺术品，如传统的绣品、扇子、字画及各式各样的古典乐器等，游客可以根据喜好而行。

娱乐 城市魅力深体验

　　杭州乐园一年四季活动不断，有嬉水节、花痴节、万圣节等主题活动。在花痴节中，游人可以逛花海、寻美景；在夏季时，这里会经常有多样的异域风情表演；在万圣节里，乐园里处处都是"恐怖"的气息，游人可以在此感受让自己惊声尖叫的超级体验。

东方文化园

"中国最佳休闲度假胜地" 之一

微印象

@点点家的微笑女王 东方文化园是休闲、会议的极好处所。金碧辉煌的地宫，古物很多，许多是难得一见的珍品。雕梁画栋，皇家气派。

@ Solid_Steve 东方文化园，过五行金木水火塔，走大雄宝殿，登三江宝塔。登高望远，高处不胜寒。

门票和开放时间

门票：128元（预订有优惠）。

开放时间：7:30~17:00。

进入景区交通

位置：萧山区义桥镇杨岐山南麓。

交通：

1.公交车：乘坐178、726路线公交可到。

2.自驾车：杭州游客过复兴大桥、冠山隧道直行约6000米；周边地区的游客可走杭州绕城南线高速，义桥出口下右行约1000米。

景点星级

美丽★★★　休闲★★★　特色★★★　人文★★　浪漫★★　刺激★

东方文化园左邻湘湖，右邻鱼浦，浅山碧水，风光秀丽，是一个融园林文化、宗教文化、养生文化于一体的惊世之作。园区按照周易八卦布局，2728多米长的彩绘文化艺术长廊贯穿全园，具有深厚的文化内涵。中心太虚湖周围环境清幽，树木环绕，繁花似锦，形成了一道亮丽的风景线。全园共分为八大景区，有世纪广场、佛家区、道家区、儒家区、东方度假区、千亩大草原、山瑞览胜景区和世界珍奇瓜果园。

❶ 佛家区

佛家景区最著名的景观是观音显圣，由观音圣像、观音山群雕和梵乐喷泉组成。观音山中分布有18尊佛雕像，观音圣像为顶部建筑，置于山体腹内，高达6米，乳白色。当梵乐喷泉启动时，圣像缓缓上升至山顶，浓雾喷出，亦真亦幻，犹如观音菩萨踏着祥云现身于人间，为世人恩赐圣水、普度众生。梵乐结束，圣像便隐身于山体中，此景观赏异常奇妙。

❷ 道家区

道家景区由道家人物群雕、太极坛、道苑天宫和玉皇阁等特色景点组成。太极坛是道家的标志性建筑，坛面的大型八卦图，以道教的基本教义诠释社会生活的刚柔、动静、生死的存在和变化。当两人分别站在八卦黑白图案的"鱼眼上"对话时，会收到神奇的传音效果。

东方文化园示意图

❸ 儒家区

儒家景区由孔子铜像、论语碑廊、杏坛、圣贤阁和孝心馆等特色景点组成。孔子青铜铸像高9.8米，可以一览至圣先师的风姿；论语碑廊内的论语碑林，让人沐浴儒学文化；杏坛的大型壁画讲述了孔子周游列国、讲学等故事；圣贤阁、孝心馆向人们展示了历史上儒家大师的传奇事迹。

❹ 东方度假区

文化园内的太虚湖是一个天然湖泊。春天桃花盛开柳枝舞动，夏天莲荷田田鸳鸯嬉戏，还有万羽鹭鸟栖息树梢，山间鹿群闲散悠哉，湖中鱼儿跃出水面，百鸟亮喉余音袅袅，竹林灰鹅曲颈问天，如诗如画的田园风景，人与自然悠然相处。

双溪竹海漂流

江南第一漂

微印象

@走在大路上 双溪漂流"水清、竹多、落差大"，在这里，可以洗手濯足，悠哉闲哉；可以冲漂过坝，有惊无险；可以坐牛车，乡村怀古；可以坐大篷车，观赏竹海。

@一元 行过万亩翠绿竹海，满载一路欢声笑语。

门票和开放时间
门票：竹筏漂流100元，皮筏漂流135元。开放时间：7:30～17:30。

最佳旅游时间
漂流最好的时间是夏季。

进入景区交通
位置：余杭区径山镇双溪竹海路2号。

交通：

1.公交车：在地铁2号线良渚站，换乘公交7498M路到双溪漂流站下可到达。

2.自驾车：从杭州市区沿G104行驶至彭公乡，然后沿S015—清雅线行驶至双溪镇即到。

景点星级
刺激★★★　美丽★★★　休闲★★★　特色★★★　人文★　浪漫★

杭州双溪漂流景区被誉为"中国最佳漂流胜地"之一，景区自然风光秀美多姿，茶园和竹林遍布，满目青翠，流水潺潺。

凭借"水清、竹多、落差大"这些自然优势和"茶文化、竹文化、水文化、宗教文化、农耕文化"的有机融合，景区推出了雨漂、夜漂、冬漂、皮筏漂等漂流项目，活动项目丰富多彩，精彩刺激。整个景区由竹筏漂流、皮筏漂流和双溪乐园三大区块，以及周边的风情小镇、陆羽泉品茗等组成。

❶ 竹筏漂流

竹筏漂流是景区最早开发的漂流项目，全程约3500米。沿途，游客可以坐老牛车乡村怀古，边漂流边打水仗；冲漂过坝，有惊无险，可谓老少皆宜；漂流返程可以坐游览车，观赏十里竹海。

其中，竹海长廊总长约130米，在杭州是绝无仅有的，木柱青瓦，古色古香，长廊的正上方是"江南第一漂"五个苍劲有力的大字。

链接　芦翁垂钓

双溪竹海景区一片葱葱绿绿的竹林鸟语花香，景色秀丽。"芦翁垂钓"指的是传说陆羽经常在这里垂钓。

② 皮筏漂流

皮筏漂流全程约3000米，起点位于泗岭溪沙塘站，终点位于双溪汇合处。皮筏漂流的特点极为彰显个性，激情四射，是极具挑战的漂流项目，适合都市年轻一族。

链接　双溪叠月

双溪竹海景区中的"双溪"指的是莫干溪流和天目溪流的交汇处，其奇特的是莫干溪流水温高，而一边的天目溪流的水温明显偏低。皓月当空的夜晚，便能见到叠月的美景。

③ 双溪乐园

双溪乐园位于双溪竹筏漂流终点站。这里天天上演欢乐嘉年华：在露天嬉水区游泳；在梦溪滩休闲区烧烤、聊天、发呆；在游乐园区体验激流勇进、勇敢者转盘；乘坐摩天轮观双溪竹海全景，更有豪华波浪、碰碰车、骑马、双溪蒙古包演艺大舞台、竹海鬼屋等游乐项目，还可以品尝农家菜，来一场篝火晚会。

攻略

双溪乐园古堡惊魂运用了现代科技与传统艺术结合制作而成，让游客感觉如同进入了一个奇特的恐怖世界。通过各种景观反映"鬼城"情趣和文化，鬼哭狼嚎、雷鸣电闪、妖魔鬼怪随时可能向你扑来，可以饱尝平生最奇特的感受。

④ 陆羽泉

陆羽泉与双溪竹海漂流隔溪相望，被誉为"天下第三泉"。相传我国唐代茶圣陆羽撰写世界第一部茶叶专著《茶经》时，在此汲泉品茗，泉名由书坛泰斗沙孟海题写。陆羽泉另有《茶经》碑廊、茶文化展示厅、茗溪草堂和陆羽茶庄等景点，这些均为游览和休闲的好去处。

攻略

住宿 驴友力荐的住宿地

景区住宿非常方便，既有现代化的酒店，也有自然古朴的农庄。

陆羽君澜度假酒店：酒店位于双溪竹海漂流景区内，这里不仅风景秀丽，历史文化积淀亦非常浓郁，"茶圣"陆羽曾在此深研茶事，并撰写了著名的《茶经》。酒店集庭院式主楼和富有欧美风情的18幢别墅及具有浓郁的老北京风格的御合院，带你回到绿色田园。

化城壹处禅酒店(杭州径山店)：位于杭州市余杭区径山镇，是化城禅寺旧址。酒店被大庙竹园所包围，完整地保存了原有的木雕佛像、泥塑老和尚、金鼎大佛等，且结合现代佛文化，打造了一家高端精品禅修酒店。

波罗蜜民宿：酒店位于径山镇径山村桐桥。酒店布置温馨，环境优雅。这里提供的休闲设施，旨在为旅客营造多姿多彩、奢华完美的住宿体验。

美食 饕餮一族新发现

在双溪可以吃到货真价实的山野菜，如羽溪农家乐、祝佳庄农家乐、山果湾休闲农庄等都是不错的选择，也可以到路边的小餐馆去品尝一些小吃。

行程推荐 智慧旅行赛导游

抵达双溪漂流景区，坐牛车—抵达漂流码头开始竹漂—漂至"双溪乐园"用餐、娱乐—游览车观光竹海—返回。

山沟沟

被称为 "4A小九寨"

微印象

@MISS-ELEVEN-OCLOCK 山沟沟的风景真的不错。如想体验农家生活，这里是个不错的选择之地。

@下午茶 在这个三十七八摄氏度的大夏天，何处去寻凉？你可以带着家人躲进山沟沟的"天然空调"，吃一顿可口的农家乐，度一个惬意舒适的周末。

门票和开放时间

门票：90元（包含汤坑、茅塘）。

开放时间：8:00~17:00（夏季），8:00~16:30（冬季）。

最佳旅游时间

四季皆宜，夏季最佳。每年7、8月，景区会推出许多亲水纳凉、采摘蜜梨等活动。

进入景区交通

位置：余杭区鸬鸟镇。

交通：

1.公交车：可乘坐454路公交在山沟沟站下，再步行一段路至景区。

2.自驾车：杭州北出口绕城高速勾庄下沿104国道至彭公转04省道按山沟沟公路牌即可到达。

景点星级

美丽★★★　休闲★★★　特色★★★　人文★★　浪漫★★　刺激★

山沟沟风景名胜区拥有杭城第一峰——海拔约1095米的窑头山和次高峰海拔约1025米的红桃山，是太湖的重要源头之一。

风景区生态环境优良，动植物种类丰富。四周峰峦叠嶂，群山苍翠，植被覆盖率95%，形成了与周边环境不同的独特的"康乐型"气候环境。景区由汤坑、茅塘和花果山三大景点组成。

① 汤坑景区

汤坑为峡谷型生态旅游区，峡谷全长约2000米，落差380多米，这里跌宕生姿，激流飞泉，共有大小瀑布18个，号称"连天十八瀑"，更有清潭无数，奇石遍谷，地表形胜奇秀，是探险观光的绝佳去处。

景区有千年古树红豆杉、百年古桥蜈蚣桥、梅花山弄、山弄竹筏等景点，更有长达208米的竹龙。这里景色优美，风光秀丽，令人流连忘返。

❷ 茅塘景区

茅塘为高山平台型休闲观光度假景区，海拔约380米，冬季白雪皑皑，夏季清凉宜人，宛如一个天然大氧吧。景区主要以农居休闲为主，入口的石壁坡流蔚为壮观，丰水时气势澎湃，声震四方；枯水时蜿蜒曲折，如细歌慢语。上面还有"三生石"、"远古石"和"万马石"等亿万年前地壳运动留下的花岗岩。

这里还有丰富的人文景观，如新四军随军被服厂旧址、古私塾旧址及由打年糕、酿土酒、磨豆腐等农村生活演示组成的茅塘古村落，让游人追溯山村农家的生产生活场景。

攻略

茅塘景区的坡流可谓是"浙北第一坡流"，它是一条可以触摸的瀑布，游客可以选择溯瀑而上，来一个亲山亲水的全新感受。

❸ 花果山农庄

花果山为农业观光园区，园内分栝楼区、蔬菜区和水果区三个区块。栝楼区种有药用价值一流的抗癌作物——栝楼。果实满架，如繁星点点数不胜数。蔬菜区内各种蔬菜品种繁多，犹如一个蔬菜大观园，有西红柿、南瓜、青菜、茄子、芋艿、辣椒等。水果区种植着枇杷、黄花梨、橘子、枳壳等四季水果。一年四季花果飘香，绿色满园。

攻略

游人若有兴趣，可以在农业观光园区内亲手栽下一垄蔬菜、采摘一篮蔬菜或水果，体验一下农耕生活，感受一下劳动带来的乐趣，享受一下收获的喜悦；也可以尽情地在这里吃农家饭、住农家屋，做一回真正的山里人。

❹ 彩虹谷景区

凌村坞彩虹谷景区有着丰富的自然资源，动植物种类众多，是"中国生物圈保护区"的核心区域之一。

景区景色优美，有磨剑瀑、彩虹瀑、鱼摆尾等以奇石、峡谷、瀑布为主的十几个景点，景点内瀑布跌宕、奇石彩虹迭现，大青石铺设的游步道600多米，仿生态栈桥500多米，四个建筑面积在60平方米左右的木亭和六个大小不等的观光平台供游人观光娱乐。

攻略

彩虹谷景区最大瀑布落差高达38余米，每天下午坐在景区彩虹亭内，可以看到七色彩虹与瀑布相映生辉的奇景。

山沟沟示意图

窑头山
红桃山
孔雀开屏
危岩耸挺
① 汤坑景区
山弄竹筏
五圣潭
汤坑猿人
翠屏迎客
棋盘石
红豆杉
再续前缘
五女拜寿
双龙吐翠
狮子石
蜈蚣桥
馒头山水库
茅塘山庄
③
花果山农庄
山沟沟接待中心
古私塾
古村落
② 茅塘景区
茅塘景区入口
拳王石
对映亭
群羊戏水
茅塘猿人
将军台
千羊石
玉流飞瀑
休闲区
茅塘
④

攻略

住宿 驴友力荐的住宿地

　　景区内住宿极为方便，很多农家庭院鳞次栉比。里面的设施都很齐全，很多推开窗户便是满眼绿色。

　　盛家农庄：位于山沟沟茅塘景区，这里推门可见群山叠翠，小桥流水，溪水清澈见底，人如在画中游，清幽宁静。室内设计尽显简约自然，客房舒适整洁。

　　高家农庄：农庄出行便捷，环境优美，交通畅通。这里的客房清新素雅，设施设备齐全，服务真诚，让您入住无忧。

美食 饕餮一族新发现

　　景区内有很多农家乐饭庄，做的菜都是来自"原汁原味"的食材。

　　茅塘里饭店：环境清幽，布置富有特色。用餐场地除主楼餐厅外，屋外建有两幢约50平方米的竹楼。坐在竹楼里面用餐，可边用餐边赏远处翠竹海景。特色菜品有腊肉、春笋、青梅醇酒、端午粽、土苞谷等。

　　山城酒楼：可同时提供食宿套餐服务。顾客入住酒楼，可单独选择用餐或住宿，也可选择连吃带住的套餐式服务。酒楼特色菜品提供的是柴灶饭、土米酒、高粱烧等，这些都极具农家特色、尽墨乡土风味。室外有40平方米见方的木结构廊亭，在亭中用餐可听春鸟鸣叫，可看蓝天白云，让人心旷神怡。

购物 又玩又买嗨翻天

　　每年春节前夕，可以去景区购买当地的土产品和山货，如家养猪肉、年糕、笋干、毛腌鸡、自制土酒、笨鸡蛋、笨鸡、冬笋等。

娱乐 城市魅力深体验

亲水纳凉：每年夏季，景区都推出圣水沐浴、穿越热带雨林、戏水抓小鱼、溯瀑等亲水纳凉项目，将给你前所未有的体验，其中溯瀑是一项新颖、刺激、又富有浪漫色彩的旅游项目。它与"瀑降"相反，逆流而进，攀瀑而上。

采摘：每年7月中旬至8月底是蜜梨采摘时期，游客可以亲手采摘和品尝蜜梨，感受田园生活的乐趣。

行程推荐 智慧旅行赛导游

汤坑景区建议按以下顺序游览：蜈蚣桥—古桥红林—南方红豆杉—古银杏—五圣潭—棋盘石—雄狮拜寿—翠屏迎客—竹长龙—梅花山弄—梅开二度—双龙戏珠—五女拜寿—再续前缘—汤坑猿人—孔雀开屏。

茅塘景区建议按以下顺序游览：对映亭—溯瀑区—浙北第一坡流—双声洞—三生石—四世同堂—观景台—新四军被服厂旧址—古私塾—竹草编织坊—土酒坊—豆腐坊—年糕坊—万马石—耳泉—马鞍石—拳王石—饮马泉—将军台。

良渚古城遗址公园

被誉为"中华第一城"

@莫失莫忘 看见挖掘出的城墙残垣，仿佛瞬间回到几千年前，岁月沧桑，历史的长河从这里开始蔓延到中华大地。

@小羊羊 虽然是古城遗址，但周围还是有不少居民，民风淳朴，还有大片的菜地。感觉这里的人都生活在远古一般，恍若隔世。

门票和开放时间

门票：60元。景区内观光车20元。

开放时间：9:00~17:00（周一休馆）。

最佳旅游时间

秋季最佳，秋高气爽的时候去古城遗址走一遭，更能领略到史前文明的宏伟壮观。

进入景区交通

位置：余杭区瓶窑镇。

交通：在地铁2号线良渚站下车，换乘430M路公交车，在良渚遗址公园南站下车可到。

景点星级

人文★★★★　特色★★★　风景★★　休闲★★　浪漫★★　刺激★

良渚古城也是长江下游地区首次发现的新石器时代遗址，是良渚文化时期完整的古城墙遗址，总面积达290万平方米，堪称"中华第一城"。良渚遗址是一个带有完整古国形态的大遗址，集中而全面地反映了中国新石器时代特定的社会形态。遗址区内有中心聚落、次中心聚落、普通聚落这种级差式的聚落结构，以及像莫角山这样的大型城址，汇观山、反山、瑶山这类出土大量精美玉器的祭坛墓地，塘山这类大型城市防护工程的土垣遗址。

良渚国家考古遗址公园总体规划范围东至长安公路、苕溪，南、西、北界为保护区边界，面积约25平方千米。

❶ 古城遗址

莫角山古城呈圆角长方形，正南北方向，东西长1500~1700米，南北长1800~1900米，总面积达290多万平方米。

城墙底部铺垫石块作为基础，宽度40~60米，基础以上用较纯净的黄土堆筑，部分地段地表以上还残留4米多高城墙，共发现六座水门。城市的普通居民住在城的外围，贵族住在城中央的约30万平方米的莫角山土台上。有人推测该城是良渚古国的都城，也有人认为该城是三皇时代天皇之都。不过具体史实没有定论。

> **点赞** 👍 @樱桃 在遗址面前，心中充满敬畏。几千年前的祖先们，竟然能造出如此雄伟的城池，不得不佩服先人们的智慧与力量。

👪 亲子研学

良渚玉琮王

玉琮是一种内圆外方的筒型玉器。在余杭反山遗址出土的神兽纹玉琮，因其体积、重量及纹饰是现存玉琮中最大的，所以被称为"玉琮王"，其表面有一个十分具有想象力的画面：一个头戴羽冠的露齿神人展开双臂，似乎想要驯服身下的坐骑神兽。神兽圆睁着巨大的眼睛，一嘴獠牙很凶狠的样子。

整个玉琮王上至少有上百条看上去比头发丝还要细的细线，遥想5000年前那个没有金属工具的时代，良渚匠人竟刻画出这么精细独特的线条，真是让人惊叹啊！

❷ 良渚博物院

　　良渚博物院的前身是1994年开馆的良渚文化博物馆，位于良渚镇美丽洲公园内，是一座关于良渚文化专题类的考古学文化博物院。博物院占地面积约4万平方米，内设3个常规展厅、1个临时展厅及其他功能区块。

　　良渚博物院的建筑由英国著名建筑设计师戴卫·奇普菲尔德设计，由不完全平行的四个长条形建筑组成，整体建筑凸显了简约、粗犷、厚重、大气的特征，让人强烈地感受到一种艺术与自然、历史与现代的和谐融和。

　　良渚博物院基本展览总主题为"良渚文化实证中华五千年文明"，突出展示良渚文明在中国和世界同类或同时期文明中的地位，运用现代科技手段，将其打造成为一座可观、可学、可触、可玩的平民化博物馆。在三个相互联系又独立的展厅中，分别陈列发现求真、良渚古国、良渚文明三大内容。

点赞　🖒 @卢卡斯 设计很不错的博物馆。在良渚文化遗址内选址建造，对良渚文化是个很好的保护和展示。里面的中庭很漂亮，整个博物馆都是以玉石为元素，里面的布展也是由复旦大学来设计，内容很丰富。

❸ 良渚文化村

　　良渚文化村是以国内罕见的规划布局形成的一个风光独特的国际性标准的文化旅游城镇，是一个纯粹以生态、观景、人文名胜、休闲游乐与人居为定位的功能完整、形态丰富的泛旅游城镇。

　　城镇内集中了国际性的良渚文化博物馆、良渚五星级度假村、良渚不夜城、良渚风情街、良渚生态森林公园、乡村高尔夫俱乐部、水上乐园等多元丰富的旅游休闲项目。

攻略

　　良渚文化村内有条美食街，遍布小吃和饭馆，比较有特色的有忠儿面馆、宁波汤团、老郑盐蘸牛肉、村民食堂等，作为景区内的餐饮，多以套餐为主，味美价廉，干净卫生，推荐菜为盐蘸牛肉。

点赞　🖒 @伊布拉 良渚文化村内，环境非常好，很宜人。中间有个美丽洲堂，是座教堂，貌似全是用木头打造的，很干净、很清新、很纯的感觉。这里人不多，空气清新，景色优美。

超山

有"十里梅花香雪海"的胜境

微印象

@彩虹裙 冬天的时候,梅花竞相开放,红梅、白梅、绿梅都各展风姿。

@满族小郡主 超山去过两次了,冬天看梅花,春天摘枇杷,夏初摘李子,空气很好,面积也蛮大,不花点时间和体力很难逛完整个景区。

门票和开放时间

门票:50元。

开放时间:8:00~17:00。

最佳旅游时间

游览超山四季皆宜,以初春最佳。二月初,景区梅花陆续开放,游客可前往观赏壮观的梅景。

进入景区交通

位置:临平区塘栖镇南部。

交通:临平城区乘419路公交车可到。杭州市区乘地铁9号线到龙安站下,换乘400M路公交车到蓬坞站下车,徒步前往。

景点星级

美丽★★★★　休闲★★★　特色★★★　人文★★　浪漫★★★　刺激★

千年古镇塘栖镇南部，距临平城区仅5000米的地方，有一处闻名遐迩的赏梅胜地，便是超山。

超山风景区面积约5平方千米，主峰超山，海拔约260米，以观赏"古、广、奇"三绝的梅花而著名。每当初春二月，花蕾爆发，白花平铺散玉，十余里遥天映白，如飞雪漫空，故有"十里香雪海"之美誉，为江南三大探梅胜地之一。中国有五大古梅，超山就有其二——唐梅和宋梅。

❶ 海云洞

海云洞位于超山主峰超峰之下，曾为超山诸景之首，有"小蓬莱"之称，如今多称其为龙洞或黑龙洞。

海云洞由石灰岩构成，洞外怪石林立，岩缝长满杂树青藤，显得十分幽静深邃。洞口约有丈余宽，洞内右侧岩壁上有"海云洞"三字摩崖题刻。海云洞的摩崖石刻目前尚存约30处，主要是两宋和明代中期、清代后期和民国早期所刻，时间跨度近千年，题材涉及人物、诗词等，内容丰富，是极其珍贵的文化遗产。

链接 龙洞的由来

相传很久以前，有一条龙触犯天条被贬人间，安家在超山南面的一个山洞里。有一年，超山遭遇大旱，人们便求龙帮忙请东海龙王下雨。龙去龙宫求雨，但却被斥责多管闲事赶了出去。龙便连夜在自己居住的山洞里挖了一条道，直通东海。水瞬间喷涌而出，滋润了田地。龙却被玉帝捉回天庭，打入天牢。于是，人们为了纪念它，将它住过的山洞叫作龙洞。

② 大明堂

　　大明堂原名报慈寺，位于超山北麓。南宋福王与王妃詹玉珍在超山相识，建寻梅小筑金屋藏娇，后福王被金兵掳走，王妃投井自尽，其子宋真宗在超山建报慈寺以作纪念。1933年被毁，仅留浮香阁。

　　大明堂内现栽有几十株白梅和红梅，迎面是栽有唐梅的石坛，左右金银桂各一株，其余皆是梅树，是游客赏梅观桂、品茗休憩的场所。

链接　唐梅和宋梅

　　浮香阁前的唐梅，相传为梅仙子的化身，此梅姿态婀娜，造型独特，距今已有1200多年历史，虽饱经风霜，仍傲然挺立，岁岁作花。

　　宋梅在大明堂前，距今约800年，树身已半枯，如风烛残年的老人，却逢春吐蕾，古木新枝，古今游客皆对此感慨不已。旁有宋梅亭，亭梅辉映。

超山示意图

北园入口

龙超路

塘栖方向

N

凝香廊
湖心岛
北园 ③
品梅亭
醉荫亭

三角亭　古井亭
金石厅
梅瓷画坊
临水梅轩

吴昌硕墓
大明堂　潘公墓
② 　　　　　　　⑤
妙喜寺　三公纪念堂
登山区域
玉喜寺　虎岩
超峰

游客接待中心
艺海梅缘　香雪海草坪
梅花大道 ④
寻梅小筑　梅坊
超然山人
南园 山域

①
摩崖石刻　海云洞
卧龙渊　垂钓台
堆云崖
三先生祠
青莲寺
松坡小筑
南园入口

超山路

临平方向

超梅路

③ 北园

　　北园高雅幽静，整体建设遵循着古典优雅、小桥流水的传统风格，整体布局张弛有度，曲折迂回，展现出一个亭台楼阁、小桥流水的江南园林。北园内有金石厅、醉荫亭、湖心岛、文化园等景观。

④ 东园

东园面积宽广，这里有全国独一无二的戏剧梅花苑，用浮雕长廊的形式将中国戏剧文化的发展史和500多位中国戏剧梅花奖得主的手模——拓印展示，显示超山自然梅与人文梅的完美交融。园内还有寻梅小筑、临水梅轩、烟雨梅林等景观。

东园不仅能欣赏到"十里梅花香雪海"的胜景，还是儿童游乐的天堂。

点赞 👍 @匆而 作为一个非专业的戏剧爱好者，去超山当然得去梅花苑。抚摸着长廊上的那些前辈们的手印，仿佛和他们——握手了一般。

👪 亲子研学

爱梅的吴昌硕

著名近代金石、书画大师、西泠印社首任社长吴昌硕先生一生钟爱梅花，尤以超山梅花为其最爱，不仅留下了"十年不到香雪海，梅花忆我我忆梅，何时买棹冒雪去，便向花前倾一杯"的千古绝唱，而且还把超山作为长眠之地，可见先生对超山梅花的喜爱之情。北园内的金石厅便为纪念吴昌硕所建，同时也为宣扬金石文化。

⑤ 登山区域

从大明堂边拾级而上便是登山区域，中圣殿、疏影亭、虎岩、上圣殿、超峰等景致错落其间，虎岩位于中圣殿上，此石形似猛虎，似镇山神兽，激励着游人迈上超峰。超山顶上的圣殿前有一方石壁，上刻朱红大字——超峰，乃当代著名书法家张宗祥的手笔。此处为景区最高点。

攻略

住宿 驴友力荐的住宿地

景区住宿较方便，景区外可去塘栖镇或临平城区住宿。

缶庐山庄：位于超山风景区黄胖岭，山庄总覆盖面积约20万平方米，依山取势的徽派建筑群错落有致，钟灵毓秀的山水园林美不胜收。主楼共八层，分东西南北四个楼座，其中南北二楼为客房区，拥有各类豪华客房，其设施齐全高档。

杭州水墨蓉庄艺术主题酒店：酒店掩映于杭州超山风景区的万树梅花间，建筑面积约2800平方米，以艺术为导向，是一个集艺术熏陶、度假、休闲为一体的度假酒店。

娱乐 城市魅力深体验

超山景区节庆活动精彩纷呈，以每年冬季的梅花节最为盛大，吸引着海内外众多游客慕名前来。梅花节内容可谓精彩纷呈。在观赏十里梅花盛开美景的同时，还有国内名家篆刻梅花印章、梅花主题的明信片和邮票、精彩的文艺演出、近现代书画名家作品展、精品盆景展示、梅花摄影大赛、塘栖名特优农产品展销等系列活动。

第 5 章
杭州
远郊

千岛湖

富春江小三峡

瑶琳仙境

西天目山

太湖源

大明山

千岛湖

天下第一秀水

微印象

@海布里之春 千岛湖的晚霞，是火烧的云彩，是少女美丽的衣衫，是风刮的火焰。

@明尼苏达 初到千岛湖，在湖边的路上经过，一边岛湖，一边房山，街道洁净，绿树成荫。千岛湖，让每位游客都有种置身于世外桃源的感觉。

门票和开放时间

门票：130元（3~11月），110元（12月至次年2月）。

开放时间：8:00~16:30。

最佳旅游时间

全年皆宜，9~11月最佳。秋季气候宜人，适合出游。漂流的时期为每年的4~10月。

进入景区交通

位置：杭州市淳安县。千岛湖客运中心位于啤酒小镇。中心湖区游客中心在梦姑路上（距千岛湖客运中心14.5千米）。东南湖区游客中心在珍珠大道（距千岛湖客运中心9千米）

交通：1.公共交通：杭州客运西站、九堡客运中心、火车东站、萧山机场等均有班车前往千岛湖。

2.自驾车：出杭州城后从杭州南枢纽上杭千高速（杭新景高速），在洋溪枢纽右转，走千岛湖支线高速，全程约90分钟。

景点星级

休闲★★★★★　　美丽★★★★　　浪漫★★★　　特色★★★　　人文★★　　刺激★

千岛湖被誉为杭州的"后花园"，四周群山绵延，森林繁茂，风景旖旎，被誉为"天然氧吧"和"天下第一秀水"。游览千岛湖可以到梅峰俯瞰湖区全景，也可以到猴岛、神龙岛感受动物的可爱逗趣，还有芹川古村和千岛湖石林可以寻幽访胜。白天泛舟湖上，夜晚枕水幽思，感受那份悠然自得的心情。

❶ 梅峰景区—猴岛

梅峰景区位于千岛湖中心湖区西端的状元半岛上，是千岛湖的一级景点，是千岛湖登高览胜的最佳处。登上梅峰观景台，可以纵览湖区300余座大小岛屿，景色迷人。

猴岛位于三潭岛和梅峰景区之间，这里林木茂密，碧水环绕，如同万顷碧涛中的一颗明珠。岛上分远人村、科普廊、猴艺苑三个游览区域，在远人村可与猴子亲密接触；在科普廊可学习灵长类动物的知识；在猴艺苑可观驯猴技艺和了解独特的猴文化。

② 三潭岛

三潭岛位于千岛湖中心湖区与东南湖区接合部，岛屿山体呈东西走向。三潭岛景点分布均匀，有天鹅湖、鹿苑、沁心泉、山涧瀑布、蛇园、蟠龙洞、山寨遗风、擂鼓观湖等特色景点，一步一景，让人流连忘返。岛上还有水上飞人、水上索道等游乐项目，供人娱乐。

山寨遗风景区可让您欣赏到现场根雕、茶艺表演等本地民间风情；石磬馆可聆听石头发出的悠扬动听的音乐；娱乐参与景区里有鲟鱼馆、蛇园、鹿苑、野猪林、小青溪、瀑布、水车、水碓、逍遥桥、水上飞人、童心乐园等。

③ 神龙岛—龙山岛—月光岛

神龙岛上分布有蛇生态园、蛇艺池惊、险体验区等景点，观斗蛇和蛇艺表演是岛上的特色项目，与岛上几十种上万条蛇的"亲密接触"，会让这一趟旅程记忆深刻。

龙山岛是千岛湖旅游的标志性人文景点，古为"浙西名胜"。岛上建有海瑞祠、石峡书院、半亩方塘、钟楼等景点，历史文化悠久，人文气息浓厚。

月光岛是千岛湖最具诗意浪漫的景点，由情园、逸园、系园、心园、梦园组成，五岛相拥。

④ 九龙溪漂流

九龙溪漂流全程约3880米，自高山而泄汇聚而成的溪水在蜿蜒的漂流道内一路欢唱，时而湍急，时而平缓，时而弯曲有度，时而又宽阔直驱。

全段九个深浅不一的戏水潭，八个高低不一的堰坝滑行。九龙溪漂流是一处集良好的亲水性、趣味性、挑战性和安全性于一体的二人自助皮筏漂流点。

⑤ 黄山尖—天池岛—密山岛—桂花岛

黄山尖位于千岛湖东南湖区的珍珠列岛内，主峰海拔约266米。登临山巅，向西北俯瞰，九十多个岛屿如撒落在湖面的一串串珍珠，尽收眼底；向东南眺望，一道幽深的峡谷从黄山尖和羡山岛之间穿过。

天池岛人文景观丰富，宝石山顶端有七个人工开凿的石池，是南宋时为在临安建造宫殿碑亭而大量采取茶园石留下的遗迹。岛上还有百龙碑长廊、四叠瀑、石文化展示区、石器制作坊、古藤古木区等景观。

密山岛是千岛湖中的一座充满"禅味"的小岛，面积仅0.36平方千米。岛上的山顶有一座密山禅寺，吟诗亭、神泉等景点也别有一番趣味。

桂花岛因岛上野桂遍地而得名，是一处典型的喀斯特地貌景观。金秋时节，岛上桂花飘香，曲径通幽，怪石林立，恍如人间仙境。

故事 神泉的传说

密山岛上神泉的传说起源于"三个和尚没水吃"的故事。据说三个和尚谁也不愿意下山取水，一起渴倒在寺中。恰逢仙人铁拐李云游到此，见此情景，便用铁拐向地上一戳，点化了一口泉水。三个和尚由此得以感化，变得勤奋起来，并齐心协力打石筑路，泉水因此变得异常甘甜，后人称之为"蜜泉"。

6 白云溪漂流

白云溪漂流景区是浙西最具特色的峡谷漂流。谷内树木郁郁葱葱，怪石嶙峋，四面青山与两岸古朴善良的淳安民居组成一幅绝妙的田园风景。漂流全程时长约3小时，还可以在此观赏民间绝技高空飞车等艺术表演。

点赞 👍 @凯瑟琳 虽然错过了最佳漂流季节，但白云溪的漂流依然让人感觉惊险刺激，意犹未尽。

深度旅游码头
千岛湖九咆界
屏门乡
至临安昌化
临岐镇
屏溪漂流
4 九龙溪漂流
昌文线
至杭州
文昌镇
至黄山 圣公碧池 6
威坪镇
白云溪漂流
方腊洞
屏风崖
宋村乡
南赋乳洞
农民起义遗址
千岛湖大桥
五龙岛
3
富文乡 8
小金山旅游码头
月光岛 淳安
杭新景(杭千)高速
森林氧吧
1 梅峰景区
3 神龙岛
龙山岛
农夫山泉水厂
西园旅游码头
至杭州
鸵鸟岛
千岛湖旅游码头
1 猴岛
5 黄山尖 羡山
瀛山书院
2 三潭岛
5 天池岛
姥山
密山岛
至金华
芹川村古民居
桂花岛
金竹牌旅游码头
浪川乡 姜家镇
毛竹源旅游码头
新安江水电站
西南旅游码头
水下古城遗址
汾口镇
石林镇
古淳线
百湖岛
石林景区 7
灵栖洞天

千岛湖示意图

❼ 石林景区

千岛湖石林景区面积约20平方千米，是中国四大石林之一。其面积之广、规模之大、景观之奇在华东地区堪称一绝，被称为"华东第一石林"。景区以"怪石、悬崖、古道、灵洞"为特色，峰林造型奇特，象形奇石遍布，形成数百个栩栩如生的独特景观。

攻略

每年7~10月，景区将举办盛大的"野营篝火节"，活动内容丰富多彩，野趣横生，越来越成为千岛湖新兴火热的节日项目。

❽ 森林氧吧

森林氧吧位于风光秀丽的千岛湖东南湖区边缘，丰富的植物资源、形态各异的彩色山石、秀美曲折的溪涧、跌宕多姿的瀑布、色彩斑斓的水潭共同组成了地形复杂多样、景致变化万千的森林游憩景观，被誉为千岛湖的世外桃源。

氧吧分为亲水休闲区、茶室休闲区、森林负离子呼吸区、森林游憩区等六大区块，设有林中漫步、森林浴、森林吸氧、溯溪、攀岩、野营、森林标本采集、环境教育展馆、垂钓中心、水上运动中心等生态旅游项目，并有山洞千叠飞瀑、山泉足浴健身、勇敢者探险、溯溪而上急流回旋、登山远眺观景、喊山洗肺等休闲运动项目。

攻略

景区交通　游遍景区不犯愁

千岛湖区各景点之间主要靠游船来往，有中心湖区和东南湖区两座码头。

码头	发船时间	价格	游览线路	全程时间
中心湖区	8:00～9:00	65元 （儿童35元）	梅峰岛 渔乐岛 月光岛	约6小时
	9:30～10:30		梅峰岛 渔乐岛 龙山岛	
	12:00～13:00		梅峰岛 龙山岛	
东南湖区	8:00～9:00		黄山尖 天池岛 密山岛	4～7小时
	9:30～10:30		天池岛 密山岛 黄山尖	

游船上下两层一共有120个客位。船票默认为一层，如想坐在二楼，可至窗口交升舱费（成人33元，儿童15元）。

住宿　驴友力荐的住宿地

千岛湖是养生居住的天堂，进入这里的第一印象就是千岛湖环湖一圈都是酒店和别墅。另外，还有入住农家、山中小木屋、游轮等多种度假方式。

秀水舫酒店：位于千岛湖大桥侧秀丽的湖面上，像一艘巨大的皇家游船"停泊"在岸边，是国内首家古典风情的"水上酒店"。

千岛湖怡莱国际青年旅舍：位于千岛湖新旅游码头秀水街，是千岛湖风景区首家国际青年旅舍。

葛岭村的农家：离千岛湖的森林氧吧不远，白天去游氧吧，晚上则与农家农户一起聊聊农村的新鲜事，夜深人静的时候，只有门前的小溪泉水的声音哗哗作响，是真正的远离尘嚣。

温馨岛小木屋：小木屋以原木作梁，竹篾为檐，外形拙朴自然，内按三星级标准装修，桑拿美容、保龄球和乒乓球等各项设施一应俱全，扑鼻的花香和沿路的绿荫让人犹如置身于花园之中。

伯爵号游轮：位于千岛湖码头，欧式超四星级标准精装修，全船共六层甲板，设有宴会厅、快餐厅、音乐咖啡厅、中西休闲茶座、电影院、大型舞厅等各类休闲娱乐饮食设施。全船共有客房90间，其中总统套房2间、豪华套房5间、商务套房8间。

美食 饕餮一族新发现

千岛湖的菜肴以淡水鱼、山珍野菜为主，特色湖鲜有千岛湖鱼头煲、千岛玉鳖、银鱼羹、清蒸鳜鱼、葱油白花、清汤鱼圆等。千岛湖镇内有秀水人家食府、好渔夫渔家私房菜、千岛湖鱼味馆（千岛湖店）、羡山饭店等，在这些地方都可以吃到千岛湖的特色美食。

千岛湖鱼味馆：这里的千岛湖鱼宴更被认定为中国名宴。鱼头很好吃，没有一般淡水鱼的浓腥味，肥美的鲜肉富含丰厚的胶原蛋白，汤汁呈乳白色。地址：千岛湖镇排岭南路2号。

千岛湖水上鱼排档：是千岛湖上一道独特的休闲美食风景线。沿着06省道的湖岸线，有几十家风格各异的水上鱼排档，其海鲜味道地道鲜美。地址：千岛湖镇环湖北路。

购物 又玩又买嗨翻天

千岛湖特产丰富。各类工艺品、土特产包括根雕、青溪龙砚、古越麻绣、珍珠制品、蛇皮制品、鱼制品、千岛玉叶、千岛银针、小核桃、笋干、野生葛粉、山茱萸、木瓜、蜜枣等多种多样，堪称是"大自然特色的购物天堂"。游客可在千岛湖镇旅游码头西端的旅游商品一条街挑选购买。

富春江小三峡

不是漓江　胜似漓江

@酒醉何人知 乘舟顺流而上，清澈的江水，青翠的山谷，好似人在画中游。

@0404123 游览富春江要两种方式结合起来，不能够一路坐船游玩，最好还要徒步深入江岸的美景之中。就像此刻，你可以不动声色却迎来赏心悦目。

门票和开放时间

门票：125元（含严子陵钓台门票和船票），葫芦峡漂流260元，富春江漂流65元。

开放时间：8:00~16:30。

最佳旅游时间

四季皆宜，夏秋最佳，青翠欲滴的夏日树、碧水红裳的秋色都美不胜收，令人流连忘返。

进入景区交通

位置：杭州市桐庐县富春江镇上游桐庐七里泷至建德梅城一段。

交通：1.公共交通：在桐庐县客运站可乘6路到七里泷车站（富春江一桥），转乘桐庐至七里泷中巴车直达景区。

2.自驾：可从高速富春江出口下左转前开2.5千米处左转向前可至景区。

景点星级

综合评分：80分

美丽★★★★　浪漫★★★　休闲★★★　特色★★　人文★★　刺激★★

富春江七里泷以"山青、水清、史悠、境幽"为主要特色，享有"小三峡"之誉。小三峡是位于富春江上游建德市梅城镇（七里扬帆码头）至桐庐县新安江镇（富春江大坝）的一段河道，全长约24千米，是富春江上风光最美的一段，两岸郁郁葱葱，人游其中如同画中走。富春江小三峡与长江三峡、桂林漓江并称为我国最著名的"三条江河风光游览线"。

小贴士

游览富春江最好的方式就是走水路游览。小三峡的"三峡"分别是龙门峡、子陵峡与子胥峡。在桐庐可以游览到从七里泷到严子陵钓台一段，即龙门峡，长约4千米；子陵峡和子胥峡则在建德七里扬帆码头坐船游览。

攻略

因为富春江分属于建德市和桐庐县，所以要去桐庐的部分就需要从七里扬帆景区的码头下船乘车前往。七里扬帆景区内有两个乘船游览的码头，即乾潭镇码头和梅城旅游码头。

❶ 梅城古镇

梅城古镇位于富春江上游，是一座有着1800多年历史的古城，这里历史悠久，人文气息浓厚，唐朝的杜牧、刘长卿，宋朝的范仲淹、陆游等都曾在此任过地方官。

来到梅城可以先将古镇游览一番。城中有两湖，东西点缀，城内有思范牌坊、建德侯坊、明桂青柯、六合古井等名胜，可访古寻胜；城周围的玉泉寺、奉真道观、乌龙岭、万松林、双塔凌云、两江成字等景观，可探幽猎奇。城的南北两面各有一座七层宝塔，双塔隔江对峙，这便是著名的"双塔凌云"，乘船便能看到。

链接 "七里扬帆"的由来

过去富春江上游七里泷一带滩多水急，舟楫经此，都要等候东风，以便借风上行。东风一起，千帆竞发，艄公号子响彻云天。古有"有风七里，无风七十里"之说，故称"七里扬帆"。

富春江小三峡示意图

胥溪
子胥野渡
江南古村
蓄能电站
灵石寺
乌龙山
乌石滩
玉泉寺
蓄能电站下出口
休闲果园
休闲农庄
方腊点将台 北峰塔
开元寺 梅城古镇 严东关
仁王寺
南峰塔 三都农业观光休闲园

印象富春江 ⑥

富春江镇

严子陵钓台 ④

龙门湾 ⑤

③

葫芦峡 · 葫芦瀑布群

其坞

桃花瀑布 葫芦瀑柱状节里群

② 子胥野渡—江南古村

游完梅城古镇到乾潭镇码头乘船，立于船上可以看到两岸山势陡立，群山如黛，飞鸟相竞。船行不远就到了子胥野渡，子胥野渡在子胥峡的入口处，鸡鸭在岸边悠闲地觅食，一派田园景象。从子胥渡口上岸，只见渡口石壁上刻有"子胥野渡"四字。在危岩石壁上还有伍子胥庙、子胥渡口、胥村、胥洞等诸多美景。

在子胥野渡对面就是江南古村，隔江相望只见一片粉墙黛瓦的建筑隐于林木之间，缕缕炊烟从村庄中升起。乘船摆渡到对岸，村庄的面貌顿时现于眼前。弃船上岸，映入眼中的就是码头边上的一座古色古香的门楼，不知已在这里矗立了多少岁月。从门楼往西的堤坝拐弯处便是当年乾隆观景的帝座亭，立于亭中眺望，诸多美景尽收眼底。村中最精美最气派的古建筑当属走马楼，在走马楼内可以欣赏当地古老的剧种提线木偶戏和唱道情表演。码头对面的老房子则是民间传统手工艺展示区。

攻略

在江南古村可以小憩，可以品尝富春江畔独特的渔家饭菜，还可以野营烧烤。

故事 子胥野渡的故事

据传，楚国名将伍子胥为逃避楚平王的追杀，途经此地，被茫茫大江阻隔，幸遇一位白发艄公，才得以渡江而去。艄公决意不向追兵吐露伍子胥的踪迹，便刎颈自尽以表心迹。后来，这里便有了"子胥野渡"一说。

清晨的富春江是静谧的，天色微明，江面上起了一层薄雾，朦胧间，只能看到远处的三两灯火，还有那艘飘荡在江上的渔船。

❸ 葫芦峡

　　从江南古村乘船往下便到了葫芦峡，离船登岸，沿着弯弯曲曲的山道往上走，深谷幽壑，翠竹亭亭，一路上可以见到诸多的小生物，可谓惊喜无限。

　　到达半山腰时就能够听到轰鸣的水声，抬头观望，只见陡峭石壁上一条百米高的瀑布从葫芦状的石洞里飞流直下，洋洋洒洒跌入深潭，葫芦飞瀑可谓壮观。

小贴士

　　葫芦峡漂流全程约3000米，落差近100米，漂流时，艇下水流湍急，一波三折，艇到之处浪花飞舞，游玩时要注意安全。

❹ 严子陵钓台

　　钓台因东汉名士严子陵隐居于此而得名。景区有严先生祠，天下十九泉位于其东侧，水味清冽，终年不涸。泉的上方山坡上有"富春江碑林"，曲折延伸约260米，树碑百方，碑文出自李白、白居易、苏轼、李清照等之手。沿碑林蜿蜒而上即达钓台，分东西两台，东台为严子陵隐居垂钓处，建有石亭，亭前有株石笋，直起幽谷，状如高士傲立，仪态岸然。西台为宋爱国志士谢翱哭文天祥处。登临钓台倚台而望，可见江流一线，重山复岭，水远山长，美不胜收。

5 龙门湾

江南龙门湾景区位于桐庐富春江支流大源溪入口处，距县城约18千米，是富春江上的一处天然港湾，昔日为鸬鹚捕鱼停泊处，故亦名鸬鹚湾。江南龙门湾景区背依白云源，面临悠悠富春江，西与严子陵钓台、富春江小三峡两大风景区接壤，总面积约5.5平方千米，其中水域面积约1.5平方千米。整个风景区汇峡谷、平湖、孤屿、悬崖、瀑布、奇松于一体，是富春江山水风景最锦绣地带之一。

龙门湾风景区具有山水和谐、山势峻秀、水色澄碧、山居民风、渔村风情等十大特色，分下湾渔唱、富春江钓鱼岛、唐松迎客、盘山石壁四大游览景区。

6 印象富春江

山水长廊富春江，从古至今就是一条休闲之江。印象富春江，以富春江漂流为主线，从富春江大坝下开漂，至药祖圣地桐君山，全程约12千米，途中精彩纷呈的碧水休闲项目让人如痴如醉。

富春江漂流游览时间不少于90分钟，共有两程漂流：第一程是皮筏漂流从富春江大坝下游开漂，沿富春江漂流而下，途中可参与"水上迷宫""沙滩烧烤""丝网捕鱼""独竹漂流"等表演；第二程换乘休闲画舫，畅游富春江，途中山环水绕，山野城郭时隐时现，能让人体验"人在明镜中，帆浮翠萍间"的优雅意境。

链接 | 桐君山

桐君山是"药祖胜地"，兀立于江边，背后是深谷和绵延的山脉；前面极目无垠，原野如绣；脚底下就是滔滔大江，地势既险又美。登桐君山极目四望，富春江的烟雨景色尽收眼底，桐庐山上有桐君庙、睢阳公庙（唐代张巡庙）、白塔、四望亭、凤凰亭、竞秀阁等胜迹。

住宿 驴友力荐的住宿地

富春江沿线经过建德和桐庐两地，住宿在两地选择均可。

芦茨1号度假酒店：位于富春江畔，毗邻320国道和杭新景高速，地理位置和交通条件十分优越。这里山川秀美，风光旖旎，为您旅游、度假提供了天然的环境。

富春芳草地度假酒店：酒店选址富春江畔，环山抱水而建，整体分住宿、餐饮、宴会、娱乐、体验五大区块，拥有客房两百余间，以特色小木屋、度假式别墅排屋为主，辅以少量的特色船屋、树屋。房间栖居在青山绿水中，在鸟鸣中晨醒，让身心在清幽宁静的隐世乐土中悦享美好的一天。

美食 饕餮一族新发现

七里扬帆景区的整个游程需要4~5个小时，中餐可以在景区内的特色餐厅渔村用餐。

桐庐美食有清蒸鲥鱼、糖醋鳊鱼、干烧子陵鱼，桐庐当地的特色小吃有油沸馒头夹臭豆腐、油沸果等。

行程推荐 智慧旅行赛导游

可先到梅城古镇游览，在码头乘船游览七里扬帆景区，游览完七里扬帆景区再到码头坐车前往严子陵钓台参观。

瑶琳仙境

被誉为"全国诸洞之冠"

门票和开放时间

门票：116元。

开放时间：8:00~17:00。

最佳旅游时间

瑶琳洞旅游最佳季节是夏季。

进入景区交通

位置：杭州市桐庐县瑶琳镇洞前村。

交通：

1.公共交通：从杭州汽车西站、南站乘客车到桐庐长途车站，然后换乘18路公交到分水江大桥，然后转乘桐庐—瑶琳中巴车直达。

2.自驾车：从杭州转塘出发沿G320行驶至桐庐县，然后沿S016行驶至景区即到。

景点星级

美丽★★★★　特色★★★　休闲★★　浪漫★★　刺激★★　人文★

瑶琳仙境，又名瑶琳洞，总面积达28000平方米，纵深约1000米，是华东沿海中部亚热带湿润区喀斯特洞穴的典型代表。

它以曲折有致的洞势地貌、瑰丽多姿的群石景观，被誉为"全国诸洞之冠"。整个景区分两部分，第一部分是天然的溶洞景观，第二部分是三十六计蜡像馆和妙峰苑。

👫 亲子研学

喀斯特又称岩溶，通常指岩石裸露、草木不生，具有洞穴、落水洞、地下河而缺乏地表河流和湖泊为特征的地区，是地下水对可溶性块状石灰岩溶蚀的结果。喀斯特分布在世界上极为零散的地区，如法国的科斯、中国的广西、美国的肯塔基州等。

瑶琳仙境示意图

- 三厅、四厅交界
- ③ 三十六计蜡像馆
- 西周木炭层
- 妙峰苑 ③ ②
- 瑶琳喷泉
- 瑶琳玉峰
- 宋诗壁
- 发财鼓
- 玉柱擎天 三十三重天
- 二厅、三厅交界
- 合欢树
- 休息厅 ①
- 桃源村 又一村
- 龙宫殿 一厅、二厅交界
- 山水盆景 紫竹林
- 十八罗汉 仙乐厅
- 灵芝山
- 聚仙厅
- 珍宝宫 石瀑布
- 玉屏阁
- 舞台 ①
- 朝圣殿
- 百景厅
- 瑶池 前厅、一厅交界
- 入口处

① 第一、二洞厅

进入景区，两根擎天石柱构成了一扇精美的石门，即为迎宾门。两个类似雄狮和大象的巨石站在门口仿佛在欢迎游客，所以也称为"狮象迎宾"。经过迎宾门来到第一洞厅，传说这里是神仙游乐、聚会、观景和吟诗的场所。30米高的穹顶上气象万千，五彩缤纷的钟乳石犹如繁星闪烁。此外，还有一个类似水流瀑布的石瀑，7米高，13米宽，是目前国内罕见的景石。

第二洞厅的景色则与第一洞厅大不相同，洞厅内有山、有水、有洞、有石，如同宁静优雅的富春江山水。地形跌宕起伏，峡谷幽深，清泉缓缓流过，巨型石柱分布广泛，沿途有桃源村、武陵村等景点。

👍 **点赞** @垒起我们的幸福小屋 瑶琳仙境，梦幻一般的山洞，独特的喀斯特地貌，色彩斑斓的灯光，让人流连忘返。

② 第三洞厅—后三厅

第三洞厅面积是9700多平方米，是溶洞中面积最大的一个厅。厅前有两棵高大的合欢树，形态奇特的石笋层层相叠，高耸云天，气魄宏伟。洞厅的石壁上镌刻着宋代诗人柯约斋描写瑶琳仙境的七言律诗。洞厅中有一尊宏伟的擎天大柱凌空矗立，将洞厅牢牢地顶住，被称为"玉柱擎天"。

三十三重石笋群天是第三洞厅中最为精彩的景观，石笋层层叠叠，五彩缤纷，平、尖、圆、凹，各不相同。石笋群上方的洞壁上保存有1300多年前探洞者的题字，字旁有一个上大下小、重约千斤的石笋，如一位身披白绸、手捧鲜花的仙女，亭亭玉立，被称为"瑶琳玉峰"。

后三厅的特点是"大、广、空、粗"，里面有很长一段水路，卷曲石、石花等非常丰富。洞内幽深曲折，影影绰绰，变幻莫测，为溶洞探险项目。

> 点赞　👍 @民生帮帮 走进瑶琳仙境，感受大自然的鬼斧神工，亲历这非同寻常的人间仙境。五彩斑斓的灯光效果，千奇百怪的岩溶造型，让每一位身临其境的人叹为观止。

③ 三十六计蜡像馆—妙峰苑

三十六计蜡像馆占地约3800平方米，以年代顺序分设为秦汉、三国、隋唐和宋元明清四大系列展馆，每计配有一个古代的智谋故事，配以生动的人物图像，构思独特，情景交融。

妙峰苑占地约13000平方米，平面布局呈椭圆形。苑内建有群峰竞秀、海狮指路、区剑垂江等14组大型景观，形态各异，流泉、飞瀑、小桥、花木等实体造型丰富多彩，生机盎然，令人流连忘返。

攻略

景区交通 游遍景区不犯愁

　　瑶琳仙境景区内有一条观光列车路轨，全长约627米，盘山而筑。列车一次可乘坐100位游客，每10分钟往返一次。

住宿 驴友力荐的住宿地

　　桐庐厚院村舍精品民宿：酒店位于桐庐横村镇白云村的半山腰，距景区约40分钟的车程。这里均为带院子的独栋村舍，按家庭生活需求配置设施设备，让更多的人在山村里体验到家的感觉，感受空气清新、蛙声虫鸣，晨起饮露、夜来观星的居住环境。

　　红灯笼小木屋：位于瑶琳镇红灯笼乡村家园，酒店环境好，周围绿树环绕，景色宜人。木屋周围有多家农家饭店，方便用餐。

美食 饕餮一族新发现

　　瑶琳仙境景区距离瑶琳镇中心很近，周围云集了不少餐馆。

　　钻石大酒店：位于瑶琳南路8号，是瑶琳镇上口碑很好的一家酒店。酒店服务周到，菜品精致。

　　在瑶琳镇红灯笼乡村家园附近，有不少淳朴的农家乐。这里空气清新、环境惬意，食材都是纯天然的，分量足，味道也不错。

西天目山

大树华盖闻九州

@彭梦琳 路过黑瓦红墙，走过山林寂静，渡过白岩浅滩，穿过光影明暗。鞋底摩擦着地面，落叶响了，山蝶飞过，静歇在路中央的甲壳虫还沉睡着。道旁的古木深藏了缠绕千秋的年轮，稀落的微光摇晃在肩膀，行走在西天目山里，我似乎是在一次次途经同自己的相遇。

@ 庄珍洁 这是一片山海，我在山海中看到了一望无际，那是同东海一样的壮阔之景，神秘而不失豪情。

门票和开放时间

门票：西天目景区（含禅源寺、大树王、开山老殿等景点）140元，景区交通40元。天目山大峡谷110元。

开放时间：8:00~16:00。

最佳旅游时间

秋天是西天目山最美丽的季节。西天目山的秋景，有许许多多的与众不同。红叶从山顶随着时间、气候的变化向山下延续，呈现出非常强的质地感和层次感。

进入景区交通

景区位置：杭州市临安区西天目乡。西天目山南门在天目村。天目大峡谷入口在东关村。

交通：1.中巴车：在杭州汽车西站乘往於潜、昌化的长途汽车到藻溪下车，再转乘到西天目山的绿色中巴直达，车程约半小时。

2.自驾车：从杭州市区，沿杭州绕城高速北线—往"南京、千岛湖"方向—杭徽高速—西天目山方向，到达景区南大门。

景点星级

刺激★★★　浪漫★★★　特色★★★　人文★★★　美丽★★★★　休闲★★★★

在浙皖两省交界处，杭州临安区境内，有一处地质古老、植被完整的世界级自然保护区，也是浙江省唯一加入国际生物圈保护网络的自然保护区，那便是天目山。

天目山古称浮玉山，"天目"之名始于汉，因东、西峰顶各有一池，宛如双眸仰望苍穹，由此得名。它于1986年晋升为国家级森林和野生动物类型自然保护区，1996年加入联合国教科文组织人与生物圈保护区（MAB）网络。天目山素有"大树华盖闻九州"之名，其森林景观独树一帜，以"古、大、高、稀、多、美"称绝于世。

👪 亲子研学

天目山"六绝"

古：天目山保存有中生代孑遗植物野生银杏，被誉为"活化石"。

大：天目山自然保护区现有需三人以上合抱的大树400余株，享有"大树王国"之美誉。

高：天目山金钱松的高度居国内同类树之冠，最高者已达60余米，被称为"冲天树"。

稀：天目山有许多特有树种，其中天目铁木，全球仅天目山遗存5株，被称为"地球独生子"。此外，香果树、领春木、连香树、银鹊树等均为珍稀濒危植物。

多：自然保护区内国家珍稀濒危植物有35种，有种子植物1718种，蕨类植物151种，苔藓类植物291种。

美：林林总总的各色植物，构成了一幅蔚为壮观的森林画幅，千树万枝，重峦叠嶂，四季如画。

❶ 禅源寺

禅源寺始建于明洪熙元年（1425年），位于昭明、旭日、翠微、阳和四峰之下，青龙、白虎两山环抱，古木苍龙，清溪环绕，景色极为幽雅。

清康熙四年（1665年），玉琳国师于双清庄旧址重辟甬道，新创门径，增新葺旧，渐复丛林。全寺房舍五百余间，有子院16座，全盛时有僧1300多人。雍正十一年（1733年），雍正皇帝赐额"禅源寺"。咸丰十年（1860年）时毁于兵火，之后数十年几次重建，却恢复不了之前的盛况。同治十五年（1876年），以韦驮菩萨祷雨灵应，帝御赐"福佑潜城"（潜城，今临安区於潜镇）额悬于寺中。1941年4月，禅源寺被日本侵略者的飞机炸毁殆尽。

2000年后禅源寺得到了逐步复建。禅源寺在中国佛教史和浙江佛教史上均有特定地位。日本佛教临济宗视其为祖庭之一，曾多次来浙江参拜。

点赞 👍 @般若 来到禅源寺的韦驮殿，据说这里求雨很灵验，为家乡求个风调雨顺吧。

链接　韦驮道场天目山

天目山是韦驮菩萨的应迹道场，禅源寺中自然有专门供奉的韦驮殿。韦驮菩萨是佛界三十二诸天之首的护法天神。相传在释迦牟尼涅槃后，帝释手持七宝瓶准备取下佛牙舍利回去建塔供养，有个罗刹鬼躲在帝释天身后乘其不备，突然窃取佛牙舍利。当时韦驮奋不顾身，急起直追，刹那间把罗刹鬼抓获并夺回佛牙舍利。因其能驱除邪魔，保护佛祖佛法，所以成为菩萨。殿中韦驮菩萨手中的法器降魔金刚杵，俗称"韦驮鞭"，据说有驱魔的作用。

倒挂莲花：一座如同被刀斧切开的石峰，上有一方台，台旁石笋耸立，高数丈，五石分峙，各自高撑，状如莲花，又称"莲花台"。

四面峰：在倒挂莲花峰东边百米处，峰突出于众壑之间，居高临下，峭壁万丈，莫测其底，形胜险绝。

仙人顶：是西天目主峰，海拔约1506米。仙人顶上有天柱峰，是一块高约10米的巨石，石上镌有"天下奇观"四个大字。可惜巨石已被拦腰炸断，仅剩"奇观"两字。

五世同堂：位于大树王景区，在开山老殿下方的悬崖上，是一棵最古老的银杏树，在其基部世世代代已萌发出22枝小植枝，可谓五世同堂。

仙人顶
(1506米)　天下奇观
幻住庵　半月池　龙凤尖停车场
开山老殿
中峰塔院
冠军树
大自然瑜伽平台
大树王景区
普同塔　五世同堂　宝剑石
倒挂莲花峰　大自然度假村
洗钵池　红蛇洞　四面峰
森林浴健康步道
冰川大峡谷景区
冰川大峡谷入口

张公舍　眠牛石
高峰塔院　七里亭(眠牛亭)
狮子口
钟楼石　伏虎瀑
五里亭(如斯亭)　玉龙山庄　龙潭水库
三里亭
飞银溅玉
化身窑　一里亭(仰止亭)
太子庵(天目书院)　进山门
森林拓展基地　西坑　至天目大峡谷
红庙　西游村(农家乐)
竹祥山庄　天目山庄　至九恩村(农家乐)
周恩来演讲纪念亭　留椿屋
双清池　浮玉山庄
禅源寺　雨华亭
天缘大酒店
天目山旅游公司　游客换乘站
游客中心
天目山管理局自然博物馆　景区入口
壹口天饭店　天目村(农家乐)
至武山村(农家乐)　大有村(农家乐)

周恩来演讲纪念亭：1939年3月，周恩来曾在此地作团结抗日讲演。

西天目山示意图

❷ 太子庵

太子庵位于禅源寺西北边的昭明峰下，是儒家文化在西天目山的代表。相传为梁代昭明太子萧统读书的地方。

太子庵门楼书"抱翠流彩"。内有昭明遗迹读书楼，又名"文选楼"，相传昭明太子在此撰成《昭明文选》。读书楼始建于明代，砖木结构，浮雕木刻，古朴华丽。读书楼内有古井，名"太子井"，东侧有洗眼池。现在，在庵西侧新建了休养所，风景秀丽，环境幽雅。

👪 亲子研学

西天目山儒学代表昭明太子

昭明太子，本名萧统，才学出众，才华横溢，是南北朝时期南梁武帝之长子，是西天目山的儒学代表人物。因葬母一事被宫监鲍邈遨诬陷，不能自明，遂避世隐居于西天目山。在西天目山，他苦读分经，先后将《金刚经》分为32节，以便于阅读，并编撰《文选》30卷。后萧统不幸落水染病不治，英年早逝，年仅三十一岁，未及即位，谥"昭明"，世称昭明太子。

萧统在分《金刚经》期间，因心血枯竭而导致双目失明，后取石池水洗眼，双目又复明。这便是洗眼池的来历。

❸ 大树王景区

西天目山风景区以"大树华盖"闻名于世，拥有世界罕见的大柳杉群落，如同顶天立地的绿色屏风，又像撑起一顶顶绿色的华盖，集中成片，蔚为壮观。

天目柳杉树龄在五百年以上的有500余株，集中分布在五里亭至开山老殿一带。胸径2米以上的15株，1.8米以上的36株，1米以上的398株，1米以下的"青少年"柳杉数以万计。有一株柳杉早在宋代便称为"千秋树"，明代已是四五围大树，树龄长达2000余年；当年乾隆南巡游览西天目山时，封此树为"大树王"，但是，由于人为的破坏和环境的影响已于20世纪30年代死亡。

在"大树王"右上方的141号柳杉，材积已达75.4余立方米，生长旺盛，雄姿勃勃，已被大家公认为天目山的新大树王。

👍 **点赞** @clark1982 自驾去的，全程都很方便，西天目山不愧是大树王国，放眼望去是一望无际的原始森林，上山可以选择坐车或者爬上去，如果对自己体力有信心的话可以选择不坐车登顶，大概要三四个小时，山上乾隆皇帝御封的大树王现已坏死，挺可惜的，总的来说这次西天目山之行还是很不错，以后如果有机会还会再去。

④ 天目大峡谷

这是一条壮观的山野长廊，由森林、奇石、碧潭、飞瀑、火山口、冰川遗迹构成。

谷内10吨至4000吨的巨石有5000多块，迎客石、官帽石、青蛙石、飞来石，惟妙惟肖，呼之欲出。最高的官帽石30多米，面积最大的八仙台能站立100余人，最重的飞来石3987吨。

大峡谷拥有5项"吉尼斯之最"：火山岩巨石最多的风景区、最长的木长廊（1008.4米）、最长的火山岩溪（3684.4米）、最长的花岗岩火烧板山坡游步路（长1373.9米，宽1~1.5米）、站立人数最多的单块火山岩。

天目大峡谷还是个名副其实的网红打卡地，火爆的网红摇桥、网红水上秋千、网红呐喊泉……来了就会有惊喜。

小贴士

天目大峡谷里有很多可以玩水的地方，建议大家穿登山鞋前往，另外带上凉鞋或者凉拖，便于下水。

攻略

天目大峡谷旅游景区夏季温度低于外界8℃~12℃，是避暑纳凉的胜地。游览天目大峡谷可观巨石、奇石；赏飞瀑、碧潭深潭；更有水上秋千、步行球、小皮筏、长廊寻宝，还有高空滑索、刺激滑草、皮筏冲浪、山野射箭等游乐项目。

点赞

👍 @欣欣 在峡谷中游玩，但见形态各异的山石互相挤压堆积，犬牙交错，层层叠叠，铺向天际，石缝中的野草、山花在风中摇摆，就仿佛整个山上的巨石在涌动，形成一片滚滚石浪。

@花的园丁 峡谷中怪石嶙峋，有的像奔驰的骏马，有的像可爱的小兔子，还有的像昂首挺胸的大公鸡……这些石头千奇百怪，为这大峡谷增添了一份美丽的色彩。

攻略

景区交通　游遍景区不犯愁

游客进入景区游玩可以选择步行或者乘观光车。

景区观光车路线：龙凤尖停车场—木栈道—四面峰—倒挂莲花—五世同堂—大树王—开山老殿—半月池—龙凤尖停车场（游览时间约2小时）。

住宿　驴友力荐的住宿地

西天目山农家乐的旅店相当多，拥有200多家。游客来西天目山游玩大多会选择体验一下农家乐趣。

游玩西天目山景区，建议住在山门口农家小院，不过其黄金周较贵，且房间紧张，最好提前订。

西天目山的半山腰错落有致地布满了农家乐，清晨站在阳台上看日出，傍晚与家人、朋友一起品茶看晚霞，倾听河边小溪的流淌声，悠闲自在。而且游客清晨和傍晚可聆听禅源寺吉祥的钟声和僧侣们抑扬顿挫的诵经声，妙不可言，令人心旷神怡。

美食　饕餮一族新发现

西天目山最有名的美食为"三石"：石斑鱼、石鸡、石耳；以及农家乐中的红烧猪肉、笋干土鸡汤等。

来西天目山游玩，当然也别忘记带一些土特产回去，天目山的笋干、小核桃、毛峰茶等皆是非常有名的当地特产。

娱乐 城市魅力深体验

❶ 赶春旅游节：天目山历来就有赶春的民俗。赶春节的时候会举行祈福篝火、水陆道场、农事体验、森林剧场（歌舞、瑜伽表演）、春笋派送等活动。

❷ 森林避暑旅游节：炎热的夏季天目山"晨起如春，夜眠如秋"。每年盛夏旅游节期间有天目山冰川纳凉节、生态美食节、戏水狂欢节、山下激情漂流等一系列的精彩活动。

❸ 秋季"七彩节"：天目山景区会在秋季举行"游天目山，送山核桃"活动，喜爱摄影的朋友也可以大显身手，分享你拍出的天目山美丽秋景，或许还能得到景区送给你的奖品。

❹ 冬季观赏"天目木榴"：冬天的天目山，因为西北冷空气南袭，气流遇山体阻遏，随着山势爬行，就会在山顶和山体上凝结成白白的冰晶或冰霜，形成"天目木榴"的奇观。游客冬季前往游览，一定要做好防寒措施。

行程推荐 智慧旅行赛导游

天目山精华一日游：

大树王景区：从游客中心出发，乘景区观光车约30分钟到达大树王景区入口（龙凤尖停车场）；走木栈道（森林浴健康步道）—四面峰—倒挂莲花（一线天）—五世同堂（大自然瑜伽平台）—大树王—开山老殿（禅宗文化展示厅）—幻住庵—半月池—龙凤尖停车场乘观光车下山至禅源寺景区，全程约需3小时。

禅源寺景区：禅源寺—周恩来演讲纪念亭—大雄宝殿—玉琳国师灵骨舍利塔—双清池—太子庵（天目书院）—留椿屋—雨华亭—游客中心，全程约需2小时。

太湖源

野趣横生的避暑佳地

微印象

@想飞的驴 好山好水太湖源。在太湖源抓了鱼，玩了水，游了泳，这里真是避暑胜地。

@二十元五角 太湖源的溪水超冰凉超舒服，趟趟溪水逗逗小猴子，好悠闲好舒服的避暑之旅。

门票和开放时间

门票：78元。

开放时间：8:00~17:00。

进入景区交通

位置：杭州市临安区太湖源镇。

交通：

1.公共交通：从杭州汽车西乘坐大巴直达临安区，然后转2721路公交在太湖源头站下即到。

2.自驾车：从杭州市天目山路进入杭瑞高速公路—S13—到达终点。

景点星级

美丽★★★★　休闲★★★　特色★★★　浪漫★★　人文★★　刺激★

太湖源因太湖的主源头坐落于此而得名，又因生态环境与九寨沟相似，又被誉为"小九寨沟"。景区内绝壁夹峙，清溪长歌，悬瀑飞泻，野生景观和植物遍布山野，四季景色各有不同，同时又是一个野生动物的天堂，生活着多种国家重点保护动物。主要景点有龙须壁、云碧潭、千仞崖等，其原始古朴和山清水秀的生态环境吸引了许多游人来此游览和消暑。

① 龙须谷—龙须壁

龙须谷为太湖的源头，自西向东全长约5千米，曲折深幽，被称为"十里长谷"，养育着江、浙、沪千百万人民的太湖正是出于峡谷的主峰马尖岗。龙须壁是位于景区门楼处的一块壁石。因石壁上生长着一丛丛龙须草而闻名，龙须壁附近有一块刻着"源"字的巨石。

② 云碧潭—思源廊

云碧潭的泉水清澈见底，如同明镜，终年映照着四面青山和山崖上的鲜花红叶，还能看到蓝天上飘逸的白云。这里的水质特别好，可以直接饮用，还带点甜味。思源廊为临水而建的一道长廊，站在其中可以看到溪水中有一块天然的巨型长条石，长约5米，宽约1米，称之为"坐禅石"，为纪念元代高僧高峰在此参禅9年而建。

> **点赞** 👍 @城东老大 傍晚，清风吹竹垄，细雨濯山林。置山肴野蔌，备美酒佳酿，开怀畅饮。这正是"欢言得所憩，美酒聊共挥。长歌吟松风，曲尽河星稀。我醉君复乐，陶然共忘机"。

③ 观猴坪—千仞崖

观猴坪为成群结队野猴的聚集地，野猴行动敏捷，举止有时候令人发笑，游客可以给它们喂食物。千仞崖为观猴坪右边屹立着的两座高耸崖壁，已有1.5亿~2亿年的地质年龄，岩石十分规整，犹如积木搭叠起来一样，同时崖壁上还有一道横向的沟壑，这是火山喷发时顺着火山岩浆的流向形成的。

攻略

千仞崖附近有一个天然攀岩场，所用的器材设备都是从欧洲进口的。攀岩分两处，一处岩面较为平缓，攀登难度较小，适合女孩和40岁以上的游客攀登；另一处岩面较陡，攀登难度相对较大，适合男孩。

4 神风谷—醉花瀑—竞跳石

神风谷内有块近100吨重的巨石，突然在中流挡道，阵阵清风，从崖壁两岸巨石中间穿越而过，让人顿感神清气爽。醉花瀑中洁白的水流如同新鲜的啤酒花泡沫，"醉花瀑"的名称也由此而来。瀑布顺着岩石小巧平缓地流下，柔和如月笼轻纱。醉花瀑附近的淙淙山泉从高处奔流而来时，在溪中姿态各异的卵石上跳跃而过，有的一跌三截，千姿百态，高亢激昂。

点赞 👍 @平行宇宙 太湖源是一个天然绿色生态长廊，是旅游、度假、休闲、疗养的绝佳去处。

5 古佛院—百丈漯—仙人坛

古佛院是一座千年古刹，里面遗留下了一尊唐代的木雕观音佛像，还开辟了一个高峰遗像的陈列室，以纪念元代高僧高峰原妙禅师。来到百丈漯，可见长长的瀑布倚壁而下，一级一级地淌下来，不同于瀑布的飞泻而下。仙人坛是为了祭祀守源之神而建的。前面一排为十二生肖，殿内塑有水神、财神等佛像。

攻略

古佛院附近有个游乐场，里面设有铅弹射击、弯弓射箭、金鱼垂钓、玩耍聚宝盆等项目，价格不高，趣味性强，有兴趣的不妨去玩一玩。

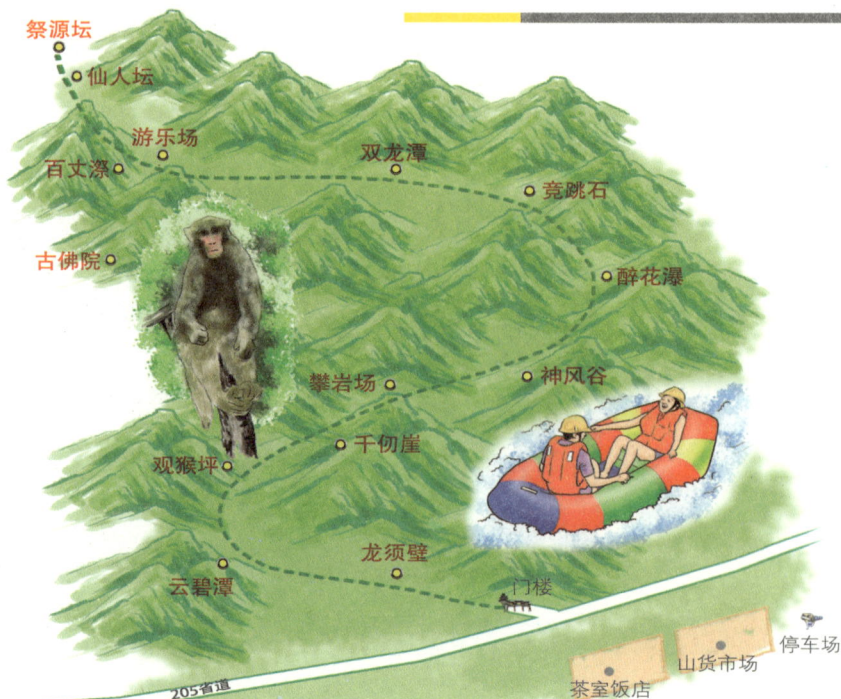

太湖源示意图

攻略

住宿 驴友力荐的住宿地

来到这里，不妨多享受一下太湖源头的美妙风景。附近现有各种档次的酒店、农家乐。设备完善，服务优良。

和润世家度假酒店：位于太湖源镇溪口村，是传统文化的园林式建筑，粉墙黛瓦，错落有致，青山绿水之间，云环雾抱之中。独有的特色温馨客房倡导"家"的感觉。

神龙川皇图家园农家乐：位于临安区外横渡村21号，是一家按快捷酒店标准建造的集客房、餐饮、娱乐、休闲和中小型会议于一体的综合农家乐。皇图家园依山傍水，环境幽雅，建筑整洁，堪称"天然氧吧"。

娱乐 城市魅力深体验

月亮湾漂流：位于临安区天目山镇月亮桥村，距离太湖源景区较近。漂流全长约2500米，途经十条俯冲坝，至长滩下码头止。漂流采用皮筏冲浪，激情浪漫，每条筏供双人乘坐（俗称鸳鸯筏）。沿途群山巍巍，两岸柳荫蔽天，身居筏中冲浪嬉水，风情无限。

龙井峡漂流：位于浙西大龙湾景区，距离太湖源景区较远。但如果游玩时间充裕的话，不妨前去体验一番。该处水流湍急，水纯泉清，乘伐浪漫奔放，漂流刺激惊险。龙井峡漂流段全长约2000米，头尾落差约68米，俯冲水坝3~5米。

野猴节：太湖源野生动物资源丰富，其中尤以猴为众，自古以来便常有成群结队的猿猴在山林间出没。景区设"嬉猴坪"，并于2003年举办第一届野猴节，每年节日期间，都有野猴认养、野外写生、情人风铃浪漫行、住农家屋吃农家饭、挖野笋采野菜体验山民生活等一系列参与性活动，是太湖源的一大特色。

大明山

被誉为浙江"小黄山"

微印象

@马小涵 大明山山路不好走，但是到达目的地后会觉得什么都不是问题。这里的水又清又凉快，而且当地人也很热情淳朴，强力推荐。

@不吃饭的小屁孩 这是一个让你心旷神怡的世外桃源，云雾缭绕，空气清新。早上推开窗帘，聆听虫鸟欢叫；夜晚仰望璀璨星空，美不胜收。

门票和开放时间

门票：110元，小交通：25元，索道：上下行各50元。

开放时间：7:30~16:30。

进入景区交通

位置：杭州市临安区清凉峰镇白果村横溪桥158号。

交通：1.公共交通：从杭州汽车西站乘车至临安昌化长途客运中心，昌化长途客运中心每天有到大明山的班车。

2.自驾车：驾车从杭瑞高速至临安区，沿大大线行驶到达景区。

景点星级

美丽★★★　休闲★★★　特色★★★　人文★★　浪漫★★　刺激★

大明山风景名胜区是浙江十大最佳休闲度假胜地之一，中国大学生野外生存生活基地，国家二级珍稀濒危保护植物——夏蜡梅保护基地。大明山山高谷深，层峦叠嶂，群峰耸立，溪水长流；春天山花烂漫，绿色葱葱，勃勃生机；夏天溪水淙淙，空气清凉，最适合度假避暑；秋天满山红叶，色彩缤纷，堪与北京香山媲美；冬天银装素裹，峰峦壮美，一派北国风光。大明山色宛如国画中的泼墨山水，奇松、怪石、飞瀑、云海等自然景观，应有尽有。

大明山景区分为玉龙溪谷、龙门峡谷、云中秘园、云湖乐园四大主题片区，拥有32 奇峰、13 幽洞、8 条飞瀑、高山草原、高山湖泊，横贯六座山体的万米岩洞，共有大小景点 96 个，风光绝美无限。

链接　大明山的由来

大明山最早叫日月山。元末时期，朱元璋曾在这里出家修行，屯兵练武，揭竿起义，最后建立了大明王朝。明朝的"明"，就是受到日月山的启发，因日月山是大明王朝朱元璋的发祥地，便赐名"大明山"。

❶ 玉龙溪谷

玉龙溪谷以走进自然为主题，游客乘车随玉带蜿蜒而上，两侧空谷幽深，美景动人，所谓"青山织锦绣，碧湖映白云"，满目锦绣扑面而来，离尘脱俗的清新油然而生。

锦绣台因游客在此可以观赏到山谷中秀丽的景色而得名。成片的枫林、银杏、夏蜡梅、南方铁杉、云锦杜鹃垂直分布在大明山不同海拔的山体上，给大明山披上了色彩斑斓的盛装，仿佛走进了水彩画卷一般。

飞来峰与御笔峰、独秀峰，合称为"大明山三神峰"。登上山顶，四面凌空，视野十分开阔，西看七峰雄姿，东眺玉屏峰石景。

❷ 龙门峡谷

龙门峡谷以亲近自然为主题，以明文化为依托，游客不仅能体会自然中山石与溪水、林木与峰峦、瀑布与峡谷移步异景的美丽景象，更能在此寻找朱元璋起兵发迹的历史故事。

龙门峡口是大明山的起点。从龙门峡向上 2100 米，集中了大明山最为瑰丽的自然风光和人文积淀。赏梅亭赏夏蜡梅是大明山的一大特色景观，成群成片的夏蜡梅集中在大明山海拔 550~1200 米的林间坡地，盛开时节，美不胜收。龙门瀑常年水量丰沛，气势不凡。

天子顶是大明山景区的登山最高点，从观景台望去，秀丽的山峰群就是明妃七峰，那些山崖上傲霜斗雪的黄山松，扎根岩石，造型奇特，与山峰、悬崖共同组成一幅幅秀美的画卷。

攻略

龙门峡谷的枫树湾，每年深秋都举办高山红叶节。届时，这些遮天蔽日、树龄都在百年以上的巨大枫树，将把整个景区渲染成一片橙红色的海洋。

③ 云中秘园—千亩草甸—万米岩洞

云中秘园是以探索自然为主题，融峰、云、石奇观为一体的壮观景色。游客可以深入云雾探索峡谷森林，在神秘的山中经历迷宫冒险，在悬空栈道上体验惊奇。

大明山共有三个高山草甸，以千亩草甸著称，广袤千亩，名副其实。慧昭寺的遗迹位于千亩草甸的一处山坳里，并保存了朱元璋御赐慧昭寺的"与国同休"石碑。

万米岩洞为人工岩洞，是1958年新中国的第一代矿工进驻大明山开采矿石时留下的矿洞，至今仍保留矿工生活的原始风貌，被称为"现代矿洞博物馆"。岩洞含上、中、下三层，曲折幽深，穿越六座山体，纵横一万余米，是中国山体建筑的一大奇观。

大明山滑雪场

云湖隐庐　钓静台
大明湖

④ 云湖乐园

莲花峰

大明湖庄

伸来之光
云中秘园 ③

万米岩洞
迎晖府

缆车站　玉龙溪

幸福门

锦绣台　大明山庄

千亩草甸
天子顶

惊马岗　落雁峰

飞来峰

皇后树
剑媚峰

踏浪天梯

霜冷峰

① 玉龙溪谷

龙门峡口

羞月峰

枫树湾

湘愁峰
明妃七峰

玉簪峰

广袖峰

② 龙门峡谷

大明山庄：大明山旅游接待中心，地处海拔800米的最佳避暑线上，集住宿、餐饮、娱乐、会务、休闲及度假等功能于一体。在大明山庄还可乘观光缆车直接到达大明湖度假区，为您轻松游玩大明山提供方便。

踏浪天梯：山体陡峭，移步换景，天梯上修建了几处宽敞的观景平台，供游客赏风景及留影。

大明山示意图

攻略

云中秘园的仙境秘道是一条平均海拔千余米，长约1200米，穿于云岭之上的栈道。行走在仙境秘道上，大明山的全景一览无遗，婀娜多姿的明妃七峰亭亭玉立，巍峨的南山仙境群峰啸天，横亘悬崖的栈道如架于天际的彩虹，顿生"极目楚天舒"之感。

④ 云湖乐园—大明山滑雪场

云湖乐园位于大明山景区南面，是山的世界，也是水的世界。云湖乐园以享受自然为主题，山湖交融的世界为游客提供了休闲度假、时尚运动、生态探幽、健身娱乐的多重体验，游客可在游览峰峦碧翠中舒展身体，在激情滑雪运动里舒爽情怀，更可在云湖隐庐养卧、黄昏小酌的片刻尽享舒心欢乐时光。

大明山滑雪场位于海拔1200多米的大明湖畔，拥有5000多平方米的戏雪区和5万平方米的滑雪区，是华东最大的室外滑雪场。滑雪道长800余米，宽约60米，总投资5000多万元。造雪、压雪设备、滑雪板和滑雪服等专用装备均由国外引进。

攻略

购物 又玩又买嗨翻天

　　临安是中国山核桃的主要产地，对山核桃的栽培利用已有500多年的历史。临安山核桃素以粒大壳薄、果仁饱满、香脆可口的优良品质享誉海内外。

　　天目青顶，又称天目云雾茶。天目青顶茶制作工艺精细，原料上乘，其挺直成条，叶质肥厚，芽毫显露，色泽深绿，滋味鲜醇爽口，清香持久，乃茶中佳品。

美食 饕餮一族新发现

　　大明山飞鸡是山鸡和土鸡的杂交品种，白天野外放养，以天然杂食和山泉水为生，食之甘甜、鲜美、醇香，是不可多得的美味佳肴。

　　笋干与茶叶、山核桃、飞鸡同列为"大明山四宝"而闻名遐迩。新笋去壳，加盐煮透，复以炭火烘焙，制成笋干，遂成临安山区之独特名产。

娱乐 城市魅力深体验

　　大明湖划船：有划船、水上滚筒、碰碰船、射击等游乐项目。

　　驾云台茶楼：在此可以高山品茶。

　　另外，夏天可以去大明山参加冰川飞瀑节，冬天还可以去大明山享受滑雪之旅。

行程推荐 智慧旅行赛导游

　　大明山登山线路众多，可乘索道也可徒步，根据不同人群，推荐以下几条线路：

　　牛人路线（适合年轻人）：从门楼进入检票口后，乘坐景区中巴至龙门峡口—龙门飞渡—悬空栈道—万米岩洞—大明湖—小明湖—飞来峰停车场—坐景区中巴回到门楼（全程徒步约4小时）。

　　精华路线（适合体弱者）：从门楼进入检票口后，乘坐景区中巴至飞来峰停车场—乘坐缆车至大明湖—通明洞—万米岩洞—迎晖府—悬空栈道—龙门飞渡—折回至大明湖缆车站—乘坐缆车至飞来峰停车场—坐景区中巴回到门楼（全程约2小时）。

　　经济路线（老少皆宜）：从门楼进入检票口后，乘坐景区中巴至龙门峡口—龙门飞渡—悬空栈道—万米岩洞—大明湖—乘坐缆车至飞来峰停车场—坐景区中巴回到门楼（全程约3小时）。